90年、無理をしない生き方

多良美智子

はじめに

２０２４年12月に、90歳になりました。築58年の古い団地で10年間、ひとり暮らしをしています。

85歳で孫と一緒にＹｏｕＴｕｂｅ「Ｅａｒｔｈおばあちゃんねる」を始め、87歳で初著書『87歳、古い団地で愉しむ ひとりの暮らし』を出版しました。どちらも、たくさんの方々に見ていただき、テレビや雑誌の取材を受けたり、街で声をかけられたりしました。「80歳を過ぎてこんなことが起こるなんて」と反響に驚きましたが、「長生きしたご褒美ね」と思って、新しい体験を楽しませてもらいました。

でも、私の毎日の暮らしは以前と変わりません。朝はラジオ体操に参加した後、自家製スムージーを飲み、かんたんに家事をします。昼間は、習い事や趣味の会に出かけたり、家では読書や針仕事、YouTubeを見たりして楽しんでいます。

時々、「いつも元気で若々しいですね」と褒めていただきますが、体は確実に年をとり、弱ってきています。初めて本を出した87歳のときはまだ元気で、団地の4階のわが家までの階段も苦ではなかったのですが、だんだんつらくなってきました。

とくに、89歳のときに少し体調を崩し、2週間ほど自宅療養をしてからは、すっかり足の筋肉が弱ってしまいました。団地にはエレベーターがないので、片手で手すり、片手で壁をさわりながら、どうにか階段を上り下りしています。

でも、年をとれば、体が衰えるのは当たり前のこと。現実を受け入れて、できることをしながら、90代も楽しく暮らしたいと思っています。

あらためて90年を振り返ってみると、色々なことがありました。幼い頃に経験した戦争のこと、若くして亡くなった両親、お金がなくて苦労したこと、子育てがうまくいかなかったこと……。

今は、子どもたち3人といい関係が築けていますが、最初からそうだったわけではありません。鬼婆みたいな顔で、幼い息子たちを怒ってばかりのこともありました。本書では、そんな自分の恥ずかしい話も包み隠さず語りました。

それから、今まであまり話してこなかった戦争のことも。戦後80年、体験者が少なくなってきたので、私の小さな体験でも文字に残しておくことは意味があるのではと思いました。長崎に生まれた私は、10歳のとき被爆しました。幸い90歳になるまで、大きな病気をせずにきましたが、被爆者健康手帳の交付を受けている被爆者です。

孫と始めたＹｏｕＴｕｂｅの動画を初投稿したのは、８月９日でした。この日は、私にとっては特別な日なのです。そして、２０２４年、日本被団協（日本原水爆被害者団体協議会）がノーベル平和賞を受賞したのは、大きな出来事でした。

ずっと変わらずに思ってきたのは、「戦争は絶対にダメ」だということ。当時、小学生でしたが、いつもひもじかったこと、疎開先で寂しかったこと、原爆投下の後、黒い雨が降ったこと、終戦の翌年に母が癌で亡くなったこと……、80年たった今でも忘れられない出来事ばかりです。

最後に、60代のブロガーのショコラさんと、70代、80代の過ごし方のお話をさせてもらいました。ショコラさんの著書を読んで、「お会いしてみたいな」と思っていたので、ご縁ができて大変光栄でした。ひとり暮らしの者同士、共通点がいっぱいありました。

二回り近く年下のショコラさんの老後生活は、私の世代とはまた違った工夫や楽しみ方があり、読者のみなさんに参考になることも多いのではと思います。

今は、心配事がなく、いつ死んでも悔いがないという心境です。狭くて古いけれど、居心地がよくなるように整えてきた団地で、自分の時間を満喫しています。自分の好きなことを無理なく、楽しく……、90年の人生をそんなふうに生きてきました。

この本が、手にとってくださった方々のこれからの人生のお役に立てたら、とてもうれしく思います。

はじめに……2

第1章　90年、無理をしない生き方

いつも機嫌よくいられるのは、自分の気持ちに正直だから……16
高い理想は抱かない。欲ばらなければ人生は楽しいです……20
足元にある小さな幸せをたくさん拾い集める……24
何が起きても、まずは受け入れてしまうのがラク……27
人に頼る気持ちは持たず、自分の面倒は自分でみるつもりで……30

第2章　日常に小さな幸せをたくさん見つける

「1日1捨て」で築58年の団地を好みの空間に整えて……34
絵手紙に針仕事…1人でできる趣味があると家で何時間でも過ごせる……40
◯絵手紙の描き方
シニアが始める習い事。ヘタでいい、自分が楽しければ……46
いいなと思ったら試してみる。古い物も好きだけど新しい物も好き……49
おしゃれは日々の張り合い。お気に入りのお店をのぞくワクワク感……54
なんてことない家庭料理を「食べてもらう」喜び……61
かぼちゃの煮物
［かんたん昼ごはん］ぶっかけそうめん／とろろご飯
［いつもの食事でおもてなし］チキンカレー／おでん／親子丼
毎朝の小さな習慣で健康を保つ……72
ＹｏｕＴｕｂｅをしていても本を出しても、私の日常は変わりません……77
お気に入りのお店① 石見銀山 群言堂……80

第3章　無理のないお金の使い方

節約してお金をためるのは「使いたいとき迷わず使う」ため……84
いつでも現金主義。ほしいものは貯金してから買ってきました……88
お金がないならないで、工夫して楽しみを作る……93
　鶏ももの から揚げ／小豆ご飯／ちらし寿司
朝早く出れば丸1日使える、おトクな日帰り旅行……100
「これだ！」というものに出会えるまで妥協して買わない……104
お気に入りのお店② うつわ屋 糺の森……108
90歳の今、ますます団地住まいのよさを実感……110

第4章　人間関係も無理なく

どこに参加するときも人間関係を一番に考えない。したいこと優先 …… 116
個人的な事情には踏み込まず、その場で楽しく過ごせたらいい …… 119
外に出て人と話すと、新しい情報がばんばん入ってくる …… 122
人との関係性は変わっていくもの。一度離れてまた近づくことも …… 126
生涯の友だった、長崎の同級生の思い出 …… 130
故郷長崎の味・皿うどん
年をとったら、儀礼的なことは卒業させてもらう …… 136
○コースターの作り方

第5章　家族との関係もさらさらと

子どもたちを怒ってばかりだった私が一変した日 …… 144
子離れが早かったのは、好きなことがあったから …… 148

子どもの人生の紆余曲折はただただ見守る……153
おはぎ
孫には自活していく大切さを伝えています……158
ジャーマンポテト／肉じゃが
9歳年上だった夫のこと……162
子どもとの同居を解消して元気になった同世代の話……166

第6章　長く生きれば生きるほど解放されていく

年をとるほど人生ラクになる。70代が私の花でした……170
めっきり体が衰えた90歳、でも毎日を楽しむことはあきらめず……173
声だけでも元気よくしようと心がけています……178
今後を考えて主治医を変更。24時間対応のクリニックに……181

認知症になり、家に通って世話をした年子の姉 …… 185
いざというときの施設入所も墓じまいも、子どもたちの選択に任せて …… 189

番外編　長崎での被爆体験と戦中戦後のこと

9歳のとき、市内から一山越えたところに家族と離れて疎開 …… 194
その日、突然の大風とやがて降ってきた黒い雨 …… 198
疎開先の村長さん宅で聴いた玉音放送。街にはアメリカ兵が …… 203
育ち盛りに味わったひもじさが、食事を何より大事にする原点 …… 208
戦後すぐに母を癌で亡くす。戦争は何もいいことがない …… 210

巻末対談

シニアブロガー・ショコラさん

仕事を辞めた後、出かける場所をどう作る？……214
若い人から刺激を受けて……218
生前整理はがんばりすぎず、ほしいものは買う……219
シミも体の衰えも、この年まで生きてきた証……221
70代はまだまだ新しいことを始められる……223
老後こそひとり旅……225
子どもとの同居は考えず……228
これからの人生がますます楽しみに……229

第1章

90年、無理をしない生き方

いつも機嫌よくいられるのは、自分の気持ちに正直だから

昭和9年（1934年）に長崎で生まれ、昨年で90歳になりました。10年前に夫が亡くなり、以来ずっとひとり暮らしです。「ひとりは寂しくないですか」と聞かれることがありますが、まったくそんなことはありません。自分のために使える自由な時間を満喫しているので、全然寂しくないのです。

今の楽しみは、習い事や趣味の会に参加することです。週1回、月1回など頻度はそれぞれですが、写経、洋服のリメイク、麻雀、絵手紙、ストレッチ、ヨガ、歌の教室、第九を歌う会の、全部で8つ。絵手紙は、私が先生になって教えています。どれも1回500円とか、1ヵ月1000円とか、シニアでも通いやすい値段です。私はお手頃なものを見つけるのがうまいんですね（笑）。

習い事先のお友達からは、よく「いつも楽しそうね」と言われます。そんなふうに見えるのは、自分の好きなことをしているからだと思います。好きなことを習いにきているから楽しい。それがきっと顔に出ているのでしょう。

どの習い事も趣味の会も、自分がやりたくて始めたものです。だから、どれも長く続いています。でも実は、今続いているもの以外に、やってみたけれど「ちょっと違うな」と思ってやめてしまった習い事も、たくさんあるのです。

気持ちが乗らないなと思ったら、無理にすることはありません。いやなこと、「自分には向いていない」と感じたことは、さっとやめてしまいます。あきらめはとても早いです。

「無理をしない」ことは私の生き方そのものかもしれません。いつでも自分の気持ちに正直に、嘘偽りのない素のままの、自然体な自分でいたい。好きなことをして、自分を楽しませ、いつも機嫌よくありたい……。そんなふうに思って生きてきました。

自分をご機嫌にできるのは、自分しかいないから。

自然体な自分でいることを、大切にしています。

この年になって、ＹｏｕＴｕｂｅや本、インタビューを受けた雑誌やテレビで、自分の顔を人前に出すことになりました。でも、恥ずかしいなどとは思いません。自分をよく見せようという気持ちがないのです。そのままの自分を撮ってもらえばいい。無理に飾ろうとはしません。だから、プレッシャーもストレスもないのです。

これからも、私らしく、無理せずに。新たに始まった90代を楽しめたらいいなと思います。

高い理想は抱かない。欲ばらなければ人生は楽しいです

私は商家に生まれ育ちました。

父が果物の卸や貿易の会社を営んでいました。商売がうまくいっていたときはよかったのですが、途中から傾き始め、暮らし向きもどんどん厳しくなりました。最終的に、知人の借金の保証倒れで父の会社は倒産してしまいました。家も売り払い、借家暮らしになります。

私は8人きょうだいの7番目で、上には姉が5人いました。しっかり者の3番目の姉から「みっちゃん、安定しているサラリーマンと結婚したほうがいいよ」と、子どもの頃から言われていました。商売人の子どもは親と同じように夢を見るタイプもいますが、わが家は逆でした。商売の浮き沈みを経験したので、「大きな夢を見ずに堅実に」と考えました。

だから、結婚してからも大きな夢は持たず、ただ「家族がくつろげる、あたたかい家にする」ことだけが目標でした。

夫の仕事で神奈川県に引っ越すことになり、今の団地に住み始めたのは58年前。当時は今よりも、いずれは一軒家に住みたいと、誰もが夢見る時代でした。

でも、私は大きなローンを抱える家は、足かせになると考えました。元々、家族の顔が見える小さい家が好きだったので、「団地のままでいいんじゃない」と。借金のこわさは、実家の商売でよくわかっていました。

50㎡ほどのこの部屋で、最初は家族５人で生活していました。子どもたちがひとり、またひとりと独立していき、10年前には夫が先立ちましたが、私は今もこうして同じ場所に暮らし続けています。

狭くて古いけれど、家族の思い出がたくさん詰まったわが家。自分なりに居心地よくしてきたので、私にとっては素敵な「お城」です。

大きな幸せを求めず、身の丈に合ったところで幸せを探す……。そんなふうに生きてきました。

何事においても、高い理想を持つことはありません。持てば、そこに到達できないことが苦しくなります。「私に合うもの、私にできそうなものはこれだな」ということを選んで、それを大いに楽しむ。毎日を楽しい気持ちで過ごしたいのです。

欲ばらなければ、人生は楽しいです。大きな夢ではなく、できそうなことを目指すから、かなえられ、落ち込むこともあまりありません。楽しい90年の人生だったと思います。

台所からそのまま出られるベランダ。プランターは軽くて扱いやすいフェルト製。
季節の花の寄せ植えを楽しんで。

足元にある小さな幸せをたくさん拾い集める

いつも楽しそうにしていると見られても、私の毎日はいたって平凡です。なにか特別な「いいこと」が起きるわけではありません。

ただ、日々のなんでもないこと、取るに足らないようなことでも、何でも喜びに変えるのは得意なのです。自分では、「私は小さな幸せを見つける天才よ」なんて言っています。

洗濯物を干すときに天気がいいと、「ああ、今日もいいお天気。洗濯物がよく乾くわね」と幸せな気持ちになります。そんな瞬間は1日の中にたくさんあります。「あの人と話ができてよかった」「このテレビ番組を見られてよかった」「今日は歌の教室でうまく歌えてよかった」「麻雀で勝ててよかった」……。

ご飯を食べられること、雨露をしのげる家があること、夜あたたかいベッドで寝られること、それだけでもう十分幸せです。

元々、小さい幸せを見つけるのは得意でしたが、やっぱりコロナ禍が大きく影響しています。今まで経験したことがない感染症が流行した中で、「感染しないで生き延びられた。本当にありがとう」と思うように。どんな小さなことにも感謝の気持ちが、今まで以上にわき上がるようになりました。

大きな幸せを追い求めなくても、小さな幸せは足元にいっぱい転がっています。それを拾い集めれば、いつでも楽しい気持ちで過ごせます。

最近の小さな幸せは、シャンソン歌手の金子由香利さんの歌を聴くことです。50代の頃、銀座の銀巴里というシャンソン喫茶に、金子由香利さんのライブを聴きに行ったことがあります。テレビで、永六輔さんが金子さんを紹介しているのを見て感動し、長崎の姉に電話で話したら、「私も見たわよ」と。姉が東京に来たときに、一緒に銀巴里に行ったのです。レコードジャケットにサインをしてもらったのも、いい思い出です。

金子由香利さんを思い出して、ＹｏｕＴｕｂｅで探して見つけました。歌詞もいいけれど、歌い方も素敵で。聴いていると、涙が出てくることもあります。

わが家はコロナの給付金でスマートテレビにし、息子に音声検索に設定してもらったので、ＹｏｕＴｕｂｅの動画検索が声でできます。話しかけるだけで検索できるので、いろいろな動画を見ています。

見ているとおすすめの動画が出てくるので、興味はどんどん広がっていきます。加藤登紀子さんのチャンネルはよく見ます。

ごはんを食べたり家事をしたりしているとき、そして寝る前も、音楽を聴いていることが多いです。好きな音楽を聴いていると、ひとりでいても退屈しません。

何が起きても、まずは受け入れてしまうのがラク

私は愚痴を言うことは、ほとんどありません。愚痴の種になるのは家族のことだったり、日常の出来事だったり色々だと思いますが、言ってもどうにもならないこと。愚痴を言ってストレス解消になる場合もありますが、私は毎日好きなことをしているので、ストレスは元よりたまりません。

愚痴を言うとしたら、自分の体のことぐらいでしょうか。でも、「足がフラフラするのよ」程度の軽い感じです。愚痴というより、事実をただ淡々と言うだけです。私の周囲は前向きな人が多いからか、暗くならずに、こんな答えで返ってきます。「ステッキを使うとラクよ。私はもう随分前からついているわよ」。いよいよ足元が危なくなってきたら、ステッキをつけばいいのねと、気持ちがラクになりました。

年をとれば、体が衰えていくのは当たり前のこと。「いつも元気ね」と言われますが、体は年相応に衰えています。でも、深刻になりそうなこと、言っても仕方がないことは言わないようにしています。せっかく人と会って話をするのだから、楽しい話をして楽しい時間を過ごしたいと思っています。

お友達から、ご主人の愚痴を言われたことがありました。今まで頼りにしていたご主人が、急に衰えてきたそうで、「こんなことができなくなって、手助けが必要で困っているのよ」と。最初は聞いていましたが、それが何回か続いたので、思いきって言いました。

「その年になれば、当たり前よ。そんなにびっくりすることではないわよ。あなたが、ご主人の状況を受け入れてね。どうすればいいのか、自分で考えないとね」。人に話しても問題は解決しないから、どうするのか一歩踏み出さないと。

私の場合は夫が9歳年上だったので、自分が70代の頃に、夫の介護を考えることになりました。以前から、いずれ介護は始まると覚悟していました。愚痴を言っても仕方がないので、現状を受け入れて、ケアマネジャーさんに相談しながら、どうにか乗り越えました。

90年、いろいろなことがありました。どんな場合でも、心がけているのは、まずは現状を受け入れてしまうこと。私にとっては、そのほうがラクだし無理がありません。そうすると、「じゃあ、どうしようか」となり、次につながる方法が思いつきます。

何でも受け入れてしまうと、愚痴にはならなくなります。

人に頼る気持ちは持たず、自分の面倒は自分でみるつもりで

「夫が亡くなったらどうしよう……」と思ったことはありません。夫は9歳年上だったので、私が残されることは、最初からわかっていました。息子たちは、結婚したときに「お嫁ちゃんにあげた〜」と思っていたから、元々頼る気持ちはありませんでした。ひとりで暮らしていこうと、ずっと思っていました。

夫が亡くなったとき、長男は一緒に住もうと誘ってくれましたが、「愛着のあるこの家でのんびり暮らしたい。ここには知っている人もたくさんいるし」と、断りました。家族とはいえ、離れているからこそ関係が良好なこともあります。

振り返ってみると、私も最初から独立心を持っていたわけではありません。子どもの頃は、内気で人付き合いが苦手でした。でも、中学・高校時代は、父の商売が傾い

てお金がない生活を経験し、少しずつ自立心が芽生えていきました。

高校卒業後は「働いてひとり暮らしをしたい」と思いました。父に相談したら、大阪で会社を経営している叔父（実際には父のいとこ）のことを教えてくれました。

叔父には「何も技術がない子は雇えないよ」と言われたので、1年間、タイプライターの学校に通って技術を身につけました。

そして、叔父の会社に入社し、実家から独立して念願のひとり暮らしを始めました。

自分がそんなに強いとは思っていなかったけれど、やってみたらできました。その暮らしは、「なんて自由なんだ！」と、とても心地よかったのです。少ないお給料の中で、家賃や食費を払うので貧乏でした。それでもやりくりして貯金をし、遊びにも出かけて楽しんでいました。自分の足で立って生きている実感がうれしかったです。

若いときは、友達同士で「ひとりになったら一緒に暮らそう」という話にもなります。でも、実際に年をとって体が弱ると、自分のことで精一杯になるもの。だから、友達に頼るのではなく、それぞれが自立して、会ったときに楽しく過ごすというほうがいいなと思います。自分の面倒は自分でみる気持ちで。

今、習い事や趣味の会で通っている、NPO法人が運営する高齢者コミュニティは、とてもいい場所だなと思います。誰かが「ここは別荘だ」と言っていましたが、本当にその通り。毎日通える居場所があれば、ひとり暮らしでも寂しくありません。

子どもたちにも心配をかけたくないので、好きなことをしながら楽しく過ごしたいと思います。

第2章

日常に小さな幸せをたくさん見つける

「1日1捨て」で築58年の団地を好みの空間に整えて

家で過ごす時間が好きです。習い事など外出もしますが、基本は家にいます。編み物をしたり本を読んだり、趣味はひとりでできることばかりです。子どもの頃から内気で、友達と上手におしゃべりができないタイプだったので、家でひとりですることが好きでした。それは、今でも変わりません。

この部屋に越してきて60年近くなりますが、長い年月をかけて、自分の好きなものをそろえ、自分好みの空間にしてきました。夫が亡くなり、ひとり暮らしになってからは、ますます自分好みに。この部屋がどこよりも落ち着きます。好きなものに囲まれた空間で、好きなことに没頭できる時間は至福です。

子どもたちが家にいた頃は、物があふれていました。床には置くところがないから、

夫に吊り棚を壁につけてもらい、どうにか収納場所を増やしていました。昔のわが家を知っている人には、今でも「あの頃は荷物が多かったわよね」と言われます。子どもたちが巣立ち、少しずつ部屋を片づけていきました。

家族が多かったときは、少しでも部屋を広く使おうと、ダイニングテーブルは伸長式のものでした。普段はコンパクトに、食事のときだけテーブルの台を伸ばします。夫とふたり暮らしになり、以前より空間に余裕ができたので、ゆったりできる大きなダイニングテーブルに買い替えました。

ところが、「何かに使えるかも」と古いテーブルが捨てられず、隣の部屋に置いておいたのです。そうしたら、その上にどんどん物がたまるようになってしまいました。場所があると物を置いてしまうと気がつき、思いきって、習い事の仲間に「ほしい人いる?」と聞いてみたら、もらってくれる人が現れました。捨てると思うと躊躇しますが、もらってくれる人がいると手放せるもの。それからは、処分できないものは、人に聞いてみるようになりました。

70歳頃から通い出した高齢者コミュニティには、食器や麻雀セットなどを持っていきました。利用者さんにもらってもらったり、そこで使ってもらったりしています。「もし残ったら処分して大丈夫」と伝えています。

こうしてかなり物を減らしましたが、もう少しスッキリさせたい。でも、これ以上、何を処分したらいいのか、思いつきません。食器ボードの小引き出しをのぞいて考えていたら、ちびた鉛筆、使いかけのポケットティッシュ、本のしおりなど、まだ処分できそうなものを見つけました。

そこで、ひらめいたのが「1日1捨て」です。1日1品と決めて、どんな小さな物でもいいので捨てよう。これなら無理せずに、物を減らすことができると思いました。まずは引き出しひとつから始め、家中をチェックしました。

もう捨てる物はないと思っていたのに、意外にあるのです。針金ハンガー、割り箸の箸袋、ボロボロの布巾、着ない洋服などなど……。布巾や洋服は、小さく切って雑

夫が自作した吊り棚。かつてはわが家の壁のあらゆるところにありました。今残しているのは数ヵ所だけ。

巾にしようと思ったら、処分する決心がつきました。

「1日1捨て」を1年ほど続けたら、かなり家の中がスッキリしました。

「1日1捨て」をしてから、引き出しがスッキリすると探し物は減ることがわかりました。

でも最近、また探し物が多くなってきたので、整理をするタイミングなのかもしれません。

なかなか捨てられないもののひとつは、お店でもらうきれいな紙袋です。そのまま捨てるのはもったいないから、

卓上ゴミ箱にちょうどいい、小さい紙袋。テーブルに出しておいても違和感がありません。

使い方をあれこれ考えています。テーブルの上に置いて、卓上ゴミ箱にしたり、雑紙をためておく袋にしたりしたら、だいぶ減りました。

お返しや旅館などでもらったりする薄いタオルも、けっこうたまっていました。

次男親子と時々行くスーパー銭湯用にちょうどいいのですが、一部は雑巾にして数を減らそうと思います。

絵手紙に針仕事…1人でできる趣味があると家で何時間でも過ごせる

ずっと続いている趣味のひとつは絵手紙です。ハガキに絵を描き、かんたんな文を添えるものです。市民センターで絵手紙の作品展を見かけて、「やってみたい」と思い、先生に連絡を取ったのが60代前半でした。

始めた頃はまだ若かったのですが、夫が9歳年上だったので、「女性の平均寿命を考えると、いずれはひとりになる。ひとりになっても楽しめるものを持っておくのはいいいな」と思っていました。

絵手紙、編み物、裁縫、読書など長続きしている趣味は、どれもひとりでできるものです。

絵が上手なわけではありませんが、絵手紙のキャッチフレーズが「ヘタでいい　へタがいい」だったので、私の気持ちにピタッと合いました。

絵手紙を習い始めた頃、栃木県に住む孫（長男の息子）にほぼ毎日絵手紙を描いて、送っていたことがありました。描きたくて描きたくてしょうがない時期で、「よし、毎日描こう」と。その絵手紙を長男がとっておいてくれ、ファイルに入れて整理してくれました。

「今の絵に比べて、この頃は勢いがあったな」なんて、懐かしく見返しています。上手に描こうという気はなくて、とにかくやる気だけはありました。

絵手紙を送っていた孫には、５歳下の妹がいました。まだよちよち歩きだったけれど、お兄ちゃんに送った絵手紙を、自分に届いたかのようにうれしそうに郵便受けに取りに行っていたそうです。

少し経ってから、今度はこの子にも送ったのですが、私の熱が冷めて７〜10日に１枚になってしまいました。「私には少ない」と、がっかりしていたようです。悪いことをしました。

孫に送っていた絵手紙。当時 60 代、絵にも文字にも力強さがありますね。

絵手紙の描き方

① 絵の輪郭や文字は墨で書くので、まずは、すずりで墨をすります。濃さはお好みで。

② 迷わずに一気に、ハガキいっぱいに絵を描きます。ヘタでも自分らしく！

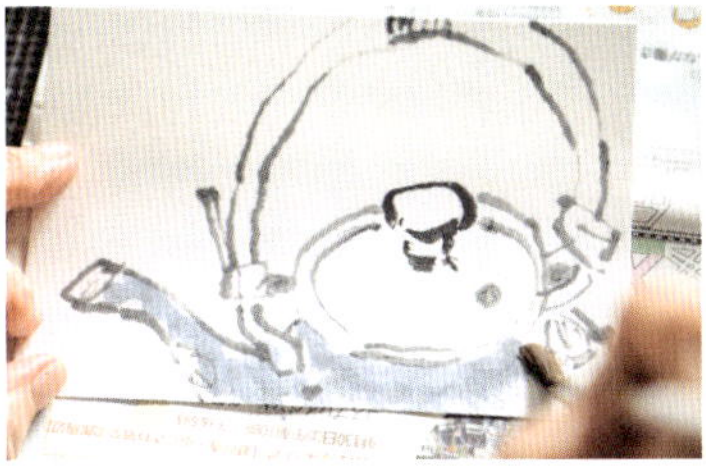

③ 色をつけるときは、トントンと絵の具を置くように。輪郭からはみ出しても大丈夫。

④ 絵の具は24色を愛用。水で色を薄くしたり、他の色と混ぜたりしながら。

⑤ バランスを見て、名前のハンコを押して。篆刻《てんこく》をしている知人が彫ってくれました。

⑥ 最後に墨で文字を。そのときの気持ちを正直に。人に送るときはその人を思い浮かべて。

今は、高齢者コミュニティで教えることもしています。私を含めて3人しかメンバーがおらず、他のふたりも上手なので、「もう教室はやめてもいいんじゃない」と言うのですが、「家では描かないから続けてほしい」と。だから、こぢんまりと続けています。

教室でみんなと描くことも楽しいですが、家でゆったりひとりで描くことも好きです。この間、台所に飾ってあった塩が入っているおしゃれな袋を見ていたら、「描いてみたいな」と気分が盛り上がり、2枚描きました。1枚は手元に残し、もう1枚は知人に送りました。

80代前半の頃、次男が経営していたブックカフェで、絵手紙教室を開いていたのですが、そこに来てくれた生徒さんです。その方とは今でも絵手紙のやり取りが続いています。

絵手紙の題材は何でもいいのです。塩が入っている袋のように、身のまわりにあるものに「描いてみたいな」とピンとくることもあります。でも、「何を描こうかな」

と思って探すことも多いです。絵手紙を描くようになって、周囲をよく観察するようになりました。

雨が降って外出しない日などは、「そうだ、絵手紙を描こう」という気持ちになります。すぐに取りかかれるように、道具はひとまとめにして取り出しやすい場所に収納しています。

シニアが始める習い事。ヘタでいい、自分が楽しければ

歌うことはずっと好きです。決してうまくはないのですが。小さい頃、いとこなどみんなが集まると父が、子どもたちをテーブルの上に立たせて歌わせていました。「はい、次は美智子だね」なんて順番に。父がそういうのが好きだったんでしょうね。

市民センターの歌の教室に通って、18年ほどになります。みんなで同じ歌を歌う教室で、発表会もありません。3ヵ月で10曲ほど歌うのですが、先生が童謡、歌謡曲、クラシック、ジャズ、オペラなど色々な分野から曲をセレクトしてくれます。英語やイタリア語の歌詞のときもあります。最初は難しくて歌えない曲でも、3ヵ月練習するとちゃんと歌えるようになっているのです。

だんだんできるようになるのは、うれしいものです。いくつになっても、自分の中

iPad で麻雀ゲーム。AI を相手に戦います。

で成長を感じられるものはいいですね。月2回の教室は、絶対休まないようにしています。歌はヘタだけど、気にしません。人に聞かせようと思っているわけではなく、私が楽しいから歌うだけ。

時々間違えることもありますが、おおらかな先生で、気にしなくていいと言ってくれています。

近頃ますます楽しくなってきたのは麻雀です。

高齢者コミュニティの麻雀の会に通っています。長く在籍していますが、あまり上達していなかったのです。それが、最近入った会員の人が、後ろから教えてくれるのです。私がヘタなので見かねたのかもしれません（笑）。「そこでポンじゃない」と言われて、「なるほど、そうなんだ」と。少しずつ考えてやるようになったら、だんだんうまくなってきました。

毎月順位が発表されますが、約40人中で今までは下から数えるほうが早かったのが、真ん中ぐらいの順位に上がってきました。順位はまったく気にせず、楽しいから続けていたのだけれど、上がってくるとやっぱり励みになるものですね。

「麻雀、楽しいわよ」と周囲に広めたら、別の日の初心者向けの会に入った人たちもいます。みんな70代、80代ですが、そのくらいの年齢でも始められます。昨年、新しく入ってきた人は、私と同じ年の89歳でした。お金をかけない健康麻雀だから、女性でもとっつきやすく、今は6対4くらいで女性のほうが多いです。

今さら勉強は無理だけれど、遊びなら楽しいから、麻雀の役もどんどん覚えてしまいます。いくつになっても頭は進化させられるものですね。

いいなと思ったら試してみる。古い物も好きだけど新しい物も好き

いいなと思ったら、何でもやってみるようにしています。

器でも洋服でもバッグでも、数十年愛用しているものはたくさんありますが、一方で、新しいものを試すのも大好きです。テレビや雑誌で見たり、お友達から聞いたりして、ピンときたらすぐにやってみます。「こうでなくちゃ」というこだわりが、あまりないのですね。物は試し、やってみてダメならやめればいいのです。


１年ほど前から、ＬＩＮＥでメッセージのやり取りを始めました。

それまでは、ＬＩＮＥのビデオ通話は使っていたけれど、文字を打ち込むことはしていませんでした。そもそもメールも使ったことがなかったのです。でも、私と同じくらいの年齢の方がしていると聞いて、「私もやってみよう」と思いました。

孫に、やり方を箇条書きにまとめてもらい、少しずつ覚えていきました。今では、文字はもちろん、スタンプや写真も送れるようになりました。

高校を卒業後、叔父の会社に就職するために、1年間タイプの学校に通って技術を習得しました。キーボードの扱いには慣れています。実は、ローマ字入力は得意なのです。

LINEメッセージもローマ字入力にしたら、思ったより早く使いこなせるようになりました。LINEはiPadでしているので、キーボードの表示も大きく、打ち

LINEのメッセージもだいぶ慣れました。
若い人のように即返信とはいきませんが。

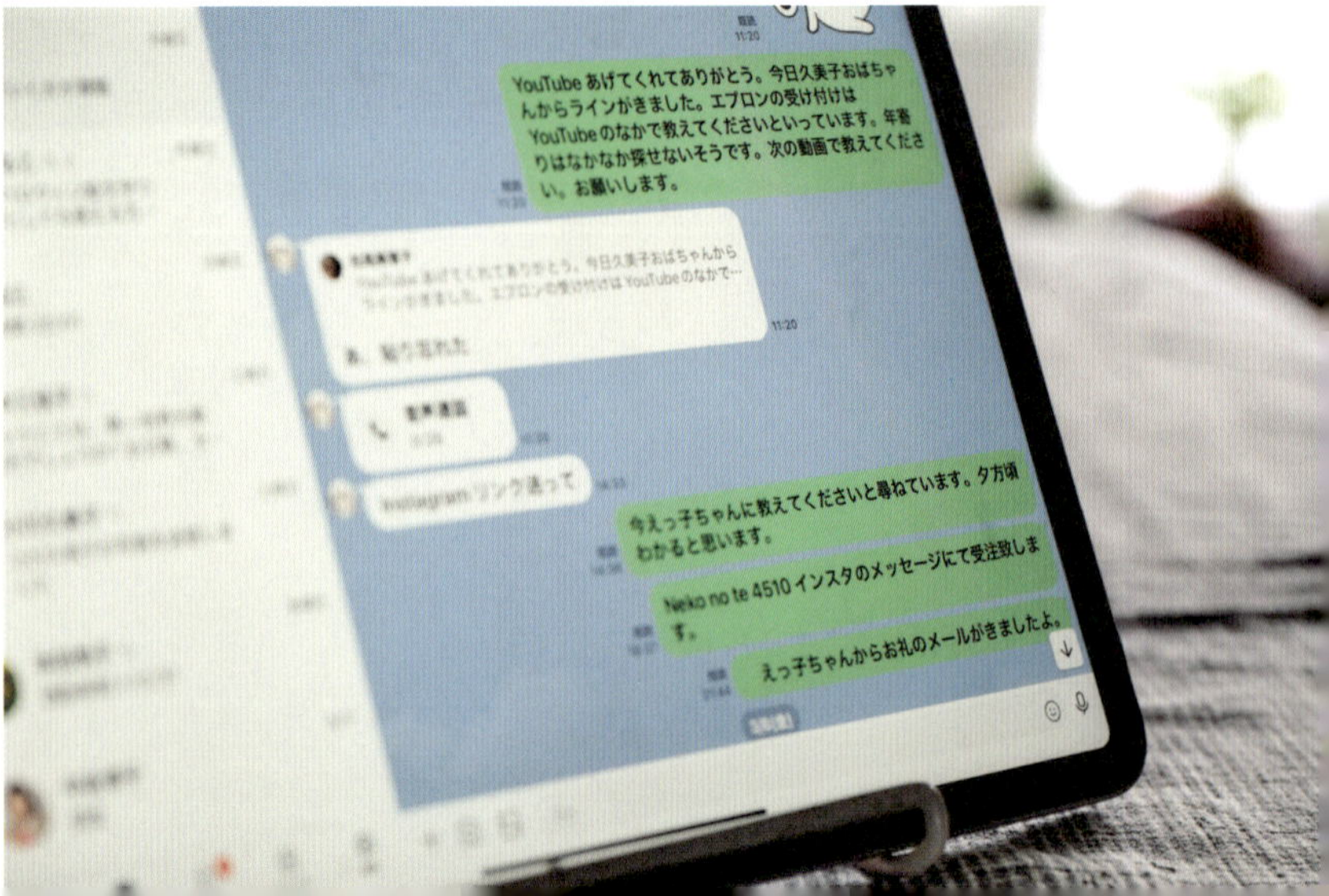

ボッチャ。ボールはつかみやすく、投げやすいです。弾んで音もしないので、家の中でするのにぴったり。

やすいです。

電話だと、相手の都合が気になりますが、メッセージならいつでも送れます。相手の都合のいい時間に読んでもらい、必要があれば返信してもらえばいいのです。孫とYouTube動画の相談をするときも、近頃はLINEが多くなっています。〝自撮り〟した料理風景の動画を送ったりもしています。

いくつになっても、新しい便利なことにはどんどん挑戦したいと思います。


2021年に開催された東京オリンピック・パラリンピックを見ていたら、ボッチャに興味を持ちました。ボッチャは重度脳性麻痺者、四肢重度機能障がい者のために、ヨーロッパで考案されたスポーツとのこと。パラリンピックの正式種目です。

「おもしろそうだな。やってみたい」と思い、すぐ次男に頼んで、ボッチャのボールのセット（白いボール1個、赤と青のボール6個ずつ）をネットで取り寄せてもらいました。

家で孫と次男と3人でやってみたら、これがとてもおもしろいのです。二手に分かれて、白いボール（ジャックボール・目標球）に赤、青のボールを投げて、いかに近づけるかを競います。相手のボールに当てて、ジャックボールから遠ざけてもいいのです。

ボールはやわらかいから、力のない高齢者にもピッタリ。家の中でできるところも手軽です。通っている高齢者コミュニティに持っていって、みんなでやってみようかなとも考えています。

おしゃれは日々の張り合い。お気に入りのお店をのぞくワクワク感

ファッションは、子どもの頃から興味がありました。学生時代は制服だったけれど、髪型には毎日気合いを入れていました。姉たちがおしゃれだったので、その影響を受けています。

最近になって、仲のいい姪（3番目の姉の娘）に、「おばちゃんが『モデルになりたい』って書いていた紙が、引き出しから出てきたよ」と言われました。若い頃に、そんなふうに思ったことはあったけれど、紙に書いていたなんて……。姉の家に遊びに行ったときに書いたものでしょうか。70年近く昔のことです。

大阪でお勤めしていた頃、心斎橋の高島屋に友達と買い物に行きました。そこでファッションショーをやっており、伊藤絹子さんなど一流モデルさんが5～6人出演していました。「こんなスタイルのいい人がいるんだ」と衝撃を受け、「私なんておよ

季節ごとの着こなし

春

30年以上着ている、手芸仲間お手製の古布のワンピース。ストールをアクセントに。

秋

デザインが凝っているベストはセンソユニコのよく行くお店で。着るだけでサマになります。

夏

モノトーンのシャツブラウスで涼しげに。肌触りのいい素材で、夏にぴったり。

冬

群言堂のウールのワンピース。あたたかいです。大ぶりのネックレスをワンポイントに。

びじゃないな」とわかったのです。それ以降は「モデルになりたい」などとは言わなくなりました。

先の姪は若い頃アパレルメーカーに勤めており、センスがいいので、私のおしゃれのご意見番。「タートルネックは、きちんと折らずに首元にくしゃっとするのがいい」とか「トップスはパンツにピタッと入れずに、少し引き出してルーズにしたほうがいい」など、今時の流行を教えてくれます。
「若い人の言うことは聞いておかないと」と思って、その通りにやってみると、本当にちょっとおしゃれになるような気がします。

洋服は、今でも時々は新しいものを購入します。近くの大きな駅に、お気に入りの洋服屋さんが2店あります。どちらもデパートの中をブラブラ歩いていて見つけたお店です。

ひとつは、島根県の石見銀山に本店がある群言堂さん。着心地のいい素材、やさしい色合いがお気に入りです。最近は、ワンピース、スカート、タートルのトップスを買いました。タートルのトップスは色違いで買って2枚持っています。それほど気に入っています。

もうひとつは、センソユニコさん。こちらは左右がアシンメトリーだったり、個性的なデザインの洋服が多く、また違った魅力で気に入っています。

長く着ている洋服や、趣味のリメイク教室で手作りした洋服も大好きですが、今の新しい洋服もいいですね。年齢によって洋服の好みは変わるので、今、似合うものを着たいなと思います。

姪や8歳下の妹とは、化粧品の話もよくしています。化粧水と乳液は、無印良品のもの。よく行くお店だし、値段も安くて買いやすいから、毎日のスキンケアにピッタリです。

洗顔後に化粧水と乳液をつけたら、顔のマッサージをするようにしています。たるみが気になるなと思って始めましたが、血行がよくなるような気がします。

首回りで雰囲気を変えて

紫色のグラデーションがお気に入りのストール。顔周りが明るくなる上に寒さ対策にもなるので、ストールは便利です。

ブローチもよく着けます。福祉作業所の方制作の、群言堂さんのブローチ。カラフルな刺繍が味わい深い。ベストは妹の裂き織り。

普段のスキンケアとメイク

上：基礎化粧品は無印良品。価格がお手頃なので、化粧水は遠慮せずたっぷりつけます。
左：化粧落としは、姪にすすめられたDHCのクレンジングオイルで。

右：ファンデーションの代わりにBBクリームを。薄化粧になってちょうどいい。

歌の教室の先生にすすめられた舌の体操も、最近取り入れました。まずは、口の中で舌を回すことを、左右それぞれ5回ずつ。その後、舌をべーっと出して10数えるのもやります。舌の筋肉を鍛えるのに効果的だそうで、滑舌もよくなった気がします。

外出するときは、お化粧を少しだけします。日焼け止めクリーム、BBクリームの順で塗ります。BBクリームは姪にすすめられ、ファンデーション代わりに使用。少量で伸びるので、使いやすいですね。血色をよくするために頬にチークを、目の縁には紫のアイシャドウを塗ります。

お化粧も大切ですが、表情、笑顔がやっぱり大切です。ふと窓に映る自分の顔を見て、「あら、こんなこわい顔してる」ということも。気をつけて口角を上げるようにしています。

外出すると、「きれいにしておこう」となるので、家にいる時間を楽しみつつも、外に出ていくのは大切ですね。

なんてことない家庭料理を「食べてもらう」喜び

90歳になって、食事の量がさらに減ってきましたし、ますます粗食になってきました。調理の手間もできるだけ減らしたいと思っています。

でも、２週間に１回、次男親子が様子を見に来てくれるので、そのときはから揚げ、カレー、おでん、親子丼、手巻き寿司など、ふたりの好きなものを作ります。

孫は、高校を卒業して専門学校に通い始めたのを機にひとり暮らしを始めたので、普段は大したものを食べていないようです。うちに来たときは栄養補給をしてほしいなと思い、何を作ろうかと考えるのも楽しいのです。

私にとっても、ひとりでは食べないものなので、自分自身の栄養補給にもなっています。みんなで一緒に食べると、普段より量も食べられます。

野菜をできるだけとろうと心がけていますが、丸ごと1個やパックのものが食べきれないことがあるので、余った分は自家製冷凍野菜にしています。刻んだセロリの葉、薄く輪切りにしたにんじん、細切りにしたピーマンなどを生のままで冷凍します。

セロリの茎は食べきれますが、葉は使いきれずに捨てていました。もったいないなと思って冷凍してみたら、これが重宝して。スープや炒め物に入れると、香りがプラスされておいしいです。

お友達から、大根をイチョウ切りにして冷凍してから調理すると、味がしみやすいと聞いたので、試してみようと思います。ブロッコリーや里芋など市販の冷凍野菜を買うこともありますが、自家製冷凍野菜も便利です。

最近、妹にすすめられて、スープメーカーを使い始めました。1万円ほどのシンプルなものです。容器に野菜やベーコンを入れるだけで、おいしいスープができます。このとき活躍するのが自家製冷凍野菜で、凍ったまま容器にポンと入れます。一度に2杯分作って、昼食や夕食に飲んでいます。

今までずっと、毎日欠かさず晩酌をしていましたが、最近は週1日くらいを休肝日に。お酒の量も少なくなりました。以前は蕎麦猪口1杯の日本酒を飲んでも、なんともなかったのに、「ちょっと酔ったかな？」と思う日が増えました。

量を減らそうと、小さめのぐい呑みに替えました。お気に入りの器のお店で、素敵な益子焼のぐい呑みを見つけたのです。お酒の量を減らしたら、酔っ払うこともなく夕食後に食器洗いもできます。新しい器のおかげで、晩酌タイムがまた楽しみなものになりました。

かぼちゃの煮物

かぼちゃの煮物は大好きで、今もよく作ります。皮を少しむいて食べやすくし、砂糖と醤油でゆっくり煮ます。

新聞の料理のレシピを貼ったり、お友達から聞いたレシピをメモったりしていた、レシピ帳。家族が多かったとき、いつも献立に悩み、参考にしていました。

ぶっかけそうめん

夏に作るぶっかけそうめん。具は何でもいいけれど、おすすめは戻した干し椎茸を甘辛く煮たもの。多めに作って冷凍しておくと、すぐに使えて便利です。

濃縮タイプの麺つゆを、薄めずに少量かけていただきます。

とろろご飯

すりおろした山芋に生卵を混ぜ、酢醤油で味付けします。だし汁、醤油をかけることが多いけれど、酢醤油を試してみたら、おいしかったのです。酢のおかげでさっぱり味になって、ご飯が進みます。

子どもたちも大好きで、よく食卓に並びました。

チキンカレー

市販のカレールーを使った、ごく普通のチキンカレー。最後にすりおろしたリンゴを加えると、まろやかに。一度にたくさん作れて、どなたにも喜んでもらえるカレーは、来客時の定番。

ガラムマサラ、シナモン、ナツメグ、クミン、タイムのスパイスとハーブをたっぷり入れるのが私流。

おでん

おでんも、一度にたくさん作れて、どなたにも喜ばれる料理。具材は大根、卵、厚揚げ、こんにゃく、薄揚げに丸餅を入れた巾着、そして里芋が定番です。味がしみた里芋はおいしい。土鍋は姉妹で九州を旅行したとき、泊まった旅館の売店で見つけたもの。

親子丼

材料は鶏もも肉、玉ねぎ、卵と家にあるもので、
手軽に作れます。
卵をふわふわにするために、2回に分けて入れます。1回目はしっかり火を通して、2回目は半熟のまま火を止めて。好みの固さになるまで、フタをして蒸らします。

親子丼の作り方

① 鍋に玉ねぎと水を入れて煮た後、鶏肉を加えます。玉ねぎはクタクタになるとおいしい。

② 酒、砂糖、醤油を入れて味付け。必ず味見をして、足りなければ調味料をプラス。

③ 卵は1人分2個。作る人数分の卵を溶いて、まずは半分を回し入れます。

④ 卵と玉ねぎ、鶏肉をなじむように、強火でしっかり火を通します。

⑤ 残りの卵を回し入れ、すぐに火を止めます。火を通しすぎずに、半熟くらいを目安に。

⑥ フタをして蒸らし、好みの卵の固さに。ゆるいときは、さらに火をさっと通しても。

毎朝の小さな習慣で健康を保つ

朝は5時頃に目が覚めます。夫が働いていたときは家を出るのが早く、お弁当を作るために毎朝5時に起きていたので、もう習慣になっています。

でも、目が覚めてしばらくは布団の中でゴロゴロして、起きるのは5時45分です。団地の広場でやっているラジオ体操に参加するため、家を出るのは6時20分。ゆっくり身支度をします。

朝イチにするのは、台所にある体重計にのること。私は元々太りやすい体質なので、体重が増えると足に負担がかかるかなと思って、毎日体重をチェックしています。

5〜6年前、お友達とご飯を食べているときに、「健康のために毎日体重を測っているのよ」と言うのを聞いて、すぐに真似しました。

シンプルな体重計なら1000円台だったので、その帰りに即購入。文字も大きく

朝食後、ざっと掃除機をかけます。コードレス掃除機は軽くて使いやすい。

見やすくて、やる気になりました。

記録をつけることまではしませんが、昨日の体重と比較しています。

実は最近、体重が増えたことがありました。体調を崩したときがあり、健康にいいと評判のヨーグルトドリンクを2~3ヵ月毎日飲んでいました。新しく取り入れたものはこれだけだったので、試しにやめてみたら、体重は元通りに。

ごはんが食べられる私には、栄養過多だったのかもしれません。もし、今後ごはんが食べられなくなったら、栄養をとるのに有効なドリンクかなと思います。

体重を測っていないと気がつかないことだったので、習慣にしていてよかったです。

昨年、マットレスを新しくしました。それまでは、ずっと使っていたせんべい布団をベッドに敷いて寝ていました。布団は捨て時がわからないから、長年使ってしまいますよね。

次男が「そんなに高くないものでも、いいものがあるよ」と教えてくれ、一緒に家具量販店に行って買いました。マット、掛け布団を新しくしたら、寝心地がとてもいいのです。もっと早く買い替えればよかった。年をとったら、自分の身になるものにお金をかけるのが大事ですね。

とはいえ、眠れないこともあります。毎晩10時にはベッドに入り、本を読みます。眠れそうにないなと思うときは、10時半頃に睡眠薬を飲むと11時頃には眠くなってきます。

ただ、薬を飲んでも眠くならず、本を読み続けて12時になってしまうことも。翌日に予定があるときは、焦ってきます。

ベッドは夫が使っていたものを引き継ぎました。布団で寝ていたときより起き上がるのがラクです。新しいマットにして、寝心地がとてもよくなりました。

照明が明るいのがいけないのかなと思い、眠れないときは、本を閉じて電気を消して、ＹｏｕＴｕｂｅで音楽を聴くようにしています。そうしたら、眠れるようになってきました。

昼間に疲れたなと思うときは、我慢せずに昼寝をします。睡眠時間は足りないことはないですが、様子を見て、眠れるように工夫をしたいと思います。

YouTubeをしていても本を出しても、私の日常は変わりません

YouTube「Earthおばあちゃんねる」を孫と始めて、5年目になります。最初は親族しか見ていなかったのに、今では登録者数が16万人を超えました。10万人を超えたとき、銀の盾をいただきました。始めたときに中学生だった孫は専門学校生になり、ずっと見てくれる視聴者さんが成長を喜んでくれたりしています。

最初から変わらずに孫と私のふたりで、アイデアを出し合って撮影しています。でも最近、ふたりだと同じようなアイデアになるので、アドバイザーとして次男に時々入ってもらいます。別の視点が入るのも、いいのかなと思います。

毎日、YouTubeをチェックし、コメントにも目を通します。お返事はできないけれど、ハートのアイコンを押して感謝を伝えます。

ここ1～2カ月にアップした動画については、今日の視聴回数を記録し、昨日と比

べ、1日どのくらい伸びたのかをチェックします。コメント数も同様にチェック。数字が伸びない動画は「どこがよくなかったのかな?」と考え、孫ともよく話します。

最近は、料理だけの動画よりも、私の暮らしが垣間見られるようなものが、よく見られているようです。「ばあばの1日を追うような動画をやろう」と、孫と意見が一致しました。

おかげさまで、YouTubeがきっかけになり、本を出版できました。たくさんの人に読んでいただき、テレビや雑誌にも出していただきました。

孫とYouTubeを始めたのは2020年、85歳のとき。銀の盾をもらえるとは思いもよりませんでした。左上は動画の再生回数を毎日記録したもの。

でも、私の日常は変わりません。ＹｏｕＴｕｂｅや本のことも、自分からは周囲の人には言いません。「見たよ」と言ってくれる人がいたり、何も言わない人がいたりと、周囲の反応は様々です。声をかけてくれたら、「そうなのよ～」と答えておきます。

この間、団地の若いお母さんから「多良さんですよね？　本を2冊とも読んだので、すぐにわかりました」と声をかけられました。孫に近いような年齢の方だったので、「こんな若い方でも読んでくれるのね」とうれしくなりました。

この年でこうして得難い経験をさせてもらえるのは、もうご褒美だと思って、ありがたく受けとめています。

お気に入りのお店① 石見銀山 群言堂

この写真で着ているワンピース、カーディガン、胸のブローチも群言堂さんのもの。シニアにも合うデザインがうれしい。

島根県の世界遺産・石見銀山に本店のある群言堂さんは、ずっと気になるお店でした。着心地がよさそうな生地、落ち着いた色合い、ゆったりしたデザインなど、着てみたいと思う洋服が並んでいます。でも、値段が安くないこともあり、しばらくは見ているだけでした。あるとき、素敵なブローチ（P58 参照）を見つけ、思いきって購入。それから少しずつ洋服も買うように。年に1～2枚ですが、「いつまで生きられるかわからないから、今好きなものを着よう」と思って、ワンピース、スカート、タートルのトップスなどを。どれも飽きがこないデザインで、長く着られそうです。時々、新しい洋服を買うのはいいですね。つい立ち寄って、次はこんなのを買おっかなと想像するだけでワクワクします。

石見銀山 群言堂
https://www.gungendo.co.jp/
※全国の百貨店等に出店

第3章

無理のない
お金の使い方

節約してお金をためるのは「使いたいとき迷わず使う」ため

実家の商売は、しっかり者の母が生きていた頃はうまくいっていましたが、戦後に母が亡くなってからはどんどん悪くなりました。高校生の頃は「うちはお金がないんだな」と感じていました。

忘れられない出来事があります。夏休みに、仲のよかった先生が、私たち仲良しグループとの日帰り小旅行を計画してくれたのです。

私は「うわあ、いいな。だけど、うちにそんなお金あるのかな?」と考えてしまって。もちろん、そんなに高いお金ではなかったので、父に頼めば出してくれたはずです。でも、苦しい事情をわかっていたから、父には言い出せませんでした。

友達にも本当のことは言えないから、他の理由で断りました。今でも、「あのときは寂しかったな」と忘れられないのです。

やはり高校生のときに、服を作るための生地がほしかったから、繁華街の紳士服売り場で友達とアルバイトをしたことがありました。

1ヵ月働いてもらったお金を持って、「どんな生地を買おうかな？」とウキウキしながら家に帰ったら、子どもを連れて帰省していた1番上の姉が、「そろそろ家に帰らないといけないけど、電車賃がないの。美智子、悪いけれどお金を貸して」と……。私の給料日だとわかっていて、頼んできたのでしょう。

1ヵ月のアルバイト代は3000円ほどでした。ブラウスとスカートを作るくらいの布は買えるかなと思っていたけれど、一瞬で夢が消えました。給料袋のままそっくり姉に渡しました。姉も生活に困っており、貸したお金が返ってくることはありませんでした。

きっと姉も、父には言えなかったのでしょう。姉の気持ちがわかるから、断ることはできませんでした。

こうした経験から、「お金がないのはきつい、余裕がないとダメだな」と思うようになりました。そして、楽しむためにはお金が必要だとわかり、しっかりお金をためるようになりました。

高校を卒業後、実家から独立して、大阪にある叔父の会社で働いてひとり暮らしをしました。少ないお給料をやりくりして、家賃、食費などを払いながらしっかり貯金をしていました。

貯金自体が目的ではなく、使いたいときに迷いなく使えるように、お金をためていたのです。

だから、社内で「コンサートに行きたい人は?」とか「スキーに行くけど、一緒に行かない?」など遊びのお誘いがあったときは、真っ先に手をあげて参加していました。そのための貯金でもあったのです。

ためたお金でミシンを買い、洋服や旅行用のかばんを作ったり、早朝に映画を見に行ったり楽しんでいました。

大阪でひとり暮らしをしながら働いていた時代、仲のいい同僚たちと遊びに行ったときの写真。左から２人目が私。ワンピースはたぶん自分で作ったものです。

念願のひとり暮らしだったから、がんばって働きました。自分の稼いだお金でやりくりする生活は、とても充実していました。

お金がなかったことで、親を恨んだことはありません。「じゃあ、どうすれば自分のやりたいことができるのかな」と頭を切り替えていきました。

今の状況を受け入れて、自分で決めたことをやってきたなと思います。大きな夢はないけれど、歩きやすいように石ころをよけて、自分で歩いてきました。

いつでも現金主義。ほしいものは貯金してから買ってきました

結婚してからも、お金はしっかりためていました。でも、予想外のことが起こるもの。夫の勤めていた会社が２回も倒産したのです。１回目は長崎に住んでいたときでした。その後、福岡で転職した先も１年で倒産。

夫は経理も営業もできる人だったので、どこかの会社には受かるだろうと信じていました。でも、子どもたちもまだ小さく、お給料の入ってこない日々は心細いものでした。この経験からも、お金は大事、持っておかなければという気持ちを強くしたのです。

家を買わなかったのは、大きな借金を背負うことをしたくなかったからです。同じお金をかけるなら、子どもたちの教育にかけたいと思っていました。子どもたちの行

きたい学校に行かせてあげたい。サラリーマンだから収入が多いわけではないので、優先順位を考えました。

夫は５人きょうだいの３番目で、他のきょうだいたちが言うには、「勉強ができたのに、大学に行かずに、家族のために働いてくれた」と。戦争から帰ってきて銀行で働き、その後、実家の農地を継ぐために、農作業をしたりしていました。

勉強をしたくてもできない状況だったので、夫も「子どもたちには好きなだけ学ばせてあげたい」という気持ちだったと思います。「子どもたちの勉強は僕がみるよ」と言うほど、教育熱心でした。

それに、お金の面だけでなく、私は家族の顔がいつでも見られる団地の狭さも気に入っていたから、あえて引っ越したいとは思いませんでした。夫からは「一戸建てに引っ越そうか」と言われたこともありましたが、「ここがいいの」と断ったのです。

今でも基本は、現金主義です。九州に行くときに飛行機に乗るので、そのときにクレジットカードが便利なので持っていますが、他では使いません。カードの分割で買うということはしないです。

貯金は子どもの頃から好きでした。借金して後からお金を払うよりも、先にためてから買うほうが、私には合っているのです。ほしいもののために、少しずつお金がたまっていくのもうれしいですね。先々への楽しみができます。

でも、爪に火をともすような節約生活で貯金をしたわけではありません。夫の給料はそれほど多くはなかったけれど、年々景気がよくなる時代だったので、給料は毎年上がりました。それを全部貯金に回すと家族がつまらないだろうから、3分の1くらいは生活費にプラスし、3分の2は貯金しようなどと工夫をしました。

家計をやりくりする中で、毎月余ったお金をデパート積立していました。1年間続けると1ヵ月分を追加してくれるものです。

そのデパートで、素敵なカゴバッグが売られていました。でも、職人さん手作りのもので値段が高く、とても買えません。いいなぁと眺めるだけでした。

あきらめかけていたときに、1年分の積立が終了し、ギフトカードを受け取ること

40年ほど前に買った、手作りのカゴバッグ。形はまったく崩れず丈夫です。カゴバッグが好きでいくつか持っています。

に。あ、これで買えるかも……！と売り場に行くと、あのカゴがまだ置かれていました。少し足りなかったので、手持ちの小遣いを足し、迷わず購入しました。

購入資金がたまるまで待っていたら、売り切れてしまうこともあるかもしれません。でも、それは縁がなかったということ。私はあきらめがいいので、そこはスパッと割り切ります。売り切れていなかったのは縁があったということでしょう。

このカゴバッグは、40年ほど経った今でも使っています。材料は山ぶどうの蔓《つる》で、経年変化で飴色になり、いい雰囲気です。買ったとき、職人さんから「壊れたら、いつでも直しますよ」とお店のカードをもらいましたが、しっかりした作りで壊れたことがありません。娘がほしがっているので、受け継がれれば40年どころかもっと長もちしそうです。決して高い買い物ではありませんでした。

お金がないならないで、工夫して楽しみを作る

子どもたちが小さい頃は、夫の会社が２回も倒産したりして、とにかくお金がない時代でした。家賃を払ったり、ご飯を食べたりするどうしても必要な部分以外は、できるだけ節約をしていました。お金のかかるレジャーには、子どもたちを連れて行ってあげられませんでした。

九州に住んでいたときのレジャーは、もっぱらドライブ。車は持っていたので、おにぎりを作って海岸まで行って、１日遊んでいました。

ご近所の人からは「ドライブであちこち行っていいわね」と、まるで優雅な生活をしているように思われていたみたいですが、実際は全然違ったのです。ガソリン代しかかからない、節約レジャーでした。

神奈川県に引っ越してきてからも、お金のかかるレジャーには行けませんでした。

次男親子が遊びに来たとき、お弁当を持ってハイキングに行くことも。から揚げ、肉じゃが、ジャーマンポテト、卵焼きなど、いつものおかずですが、外で食べると気分が変わります。

鶏もものから揚げ

① 鶏肉１枚を６等分にして塩・こしょうを振り、ビニル袋に入れて小麦粉を加えます。

② フライパンに油を１cmくらい入れて、十分に熱します。油が少ないので後片づけもラク。

③ 鶏肉を皮目から入れて弱火で３分、裏返して３分焼きます。焼き目はついていなくてOK。

④ 裏返して強火で１分、さらに裏返して30秒～1分焼いて焼き色をつけます。

少ない油で揚げ焼きにします。中はジューシー、外はカリッと。

小豆ご飯

もち米は使わず普通の米で炊くお赤飯。茹でた小豆を混ぜて炊くだけで、かんたんにできます。

夏休みによく行ったのが、伊豆の海での2泊3日のキャンプです。宿泊はテント、ご飯は飯ごうを使って炊き、買ってきた魚を焼いて食べたりしました。昼間は、夫と子どもたちは海で泳ぎ、私はテントで爆睡（笑）。

こんな節約レジャーですが、子どもたちにとっては、いい思い出になったようです。お金がないならないで、楽しみを作ることはできますね。

節約といえば食費ですが、子どもたちにはお腹いっぱい食べさせてあげたいと思っていました。おやつも手作り

子どもたちが小さい頃、夏休みの定番だったかき氷。今は孫と楽しんでいます。電動のかき氷機。シロップも色々な味が。

ちらし寿司

子どもの頃に父が作ってくれた、懐かしい味。
お正月にはお米2升分を大家族で食べました。

していました。

シュークリーム、クッキー、ケーキなどなど。月謝が高くないパン教室に通って習い、バターロールやクロワッサンなども焼きました。長男が小学生の頃、「今日のおやつは何？ 階段の下でもいいにおいがしたよ」と目を輝かせて帰ってきていました。

お正月や誕生日、来客のときなど、よくちらし寿司を作りました。

見た目が豪華に見えるけれど、材料は庶民的なものばかり。わが家のお金のかからない特別メニューでした。

ちらし寿司の作り方

①

具は鶏もも肉、戻した干し椎茸、茹で筍、にんじん、薄揚げ。椎茸の戻し汁はとっておきます。

②

水に椎茸の煮汁と酒を入れ、鶏肉以外を煮ます。火が通ったら鶏肉を加えて、砂糖、醤油で味付け。

③

卵は薄く焼いて錦糸卵に。後で細く切るので、薄焼き卵は破れても気にしません。

④

炊き立てのご飯に、市販の寿司酢を混ぜます。手頃なサイズの漆の寿司桶は姉からのプレゼント。

⑤

具の水分を切り、寿司飯に加えます。具は多めに作って冷凍すれば、1人分でもすぐできます。

⑥

ご飯の粘りが出ないよう、手早く切るように混ぜて。器に盛り、上に錦糸卵、紅生姜、のりを。

朝早く出れば丸1日使える、おトクな日帰り旅行

35年ほど前、テレビで「無言館」の特集を見て、行ってみたいと思い立ちました。長野県上田市にある、戦没画学生の慰霊美術館です。

日帰りで、ひとりでぱっと行ってくるつもりでしたが、行きづらい場所にあります。絵手紙のお友達に、時刻表を見るのが好きでいつも電車の時間を調べてくれる人がいたので、「日帰りで行く方法があるか調べてもらえない?」とお願いしました。

すると、「日帰りで行けるわよ。私も行きたい」とのこと。それを聞いていた他の絵手紙仲間も、「日帰りなら、私も行きたい」と言い出し、結局5人で行くことになりました。

私は、「日帰りでゆっくりできないから、新幹線代がもったいないわよ」と言いましたが、みんなには「夫や子どもがいるから泊まりがけは難しい。日帰りのほうがい

い」と逆のことを言われました。

朝早い新幹線に乗って、無言館に到着。館内に入ったとたん、戦争で亡くなった画学生たちが残した絵を見て、みんなで感動しました。ひとりひとりの経歴を読んだら、「画家を目指して希望に満ちて、学校に通っていたのだろうな」と思って涙が出てきました。

無言館を出てからはタクシーに乗り、運転手さんに「おいしいお蕎麦屋さんを教えてください」とお願いして連れて行ってもらいました。その後、新幹線で東京駅まで戻って、夕食を食べて解散。日帰りだったけれど、絵を見てお蕎麦を食べるという目的は達成し、十分楽しめました。

朝早く出れば、日帰りでも丸々１日使えます。宿泊しないので荷物は軽いし、宿泊代も節約できます。それに、家族が戻ってくる時間までに帰れるのは、主婦にとっては都合がいい。「旅は欲ばらずに、目的をしぼったほうが印象に残る」という新しい発見もできました。

時刻表を見るのが好きなお友達とは、京都へ宿泊なしの旅行をしたこともあります。

目的は、北野天満宮の骨董市に行くこと。夜行バスで行き、1日京都に滞在して、また夜行バスで帰りました。

前日の夜にバスに乗り、朝6時に京都に着きます。うどん屋さんで朝食をとり、すでに始まっている骨董市へ。午前中いっぱいを使って品物選びをしました。

古い着物を1枚1枚見ていたら、店

たくさん持っていた絣の古布はコースターやミニバッグなど様々なハンドメイドに使われ、今はほとんど残っていません。

のご主人が「それでは時間がかかる。気に入ったものをみんな持って、隅っこでじっくり選んだらいいよ」と教えてくれました。

お友達と隅っこで「これどう?」「いいね、買おう」と言って、古くて安い絣の着物などを箱いっぱい買い込みました。宅配便で家に送ったので、その後は身軽に旅が続けられました。

午後は、１日５００円（当時）のバス周遊券で、紅葉がきれいなお寺めぐり。帰りは11時の夜行バスだったので、夜ご飯まで食べられ、１日たっぷり楽しめたリーズナブルな旅でした。

もちろん、泊まりがけで行った楽しい旅もあります。でも、お金がない、時間がないなどの制約があったときも、旅は楽しめました。「青春18きっぷ」を乗り継いで東北まで行ったこともあります。何十年経っても忘れられない思い出になっています。

「これだ！」というものに出会えるまで妥協して買わない

子どもたちが大学を卒業して巣立った後は、少しお金に余裕が出てきました。家族が多かった頃は、ダイニングテーブルは必要なときに広くできる伸長式のものを使っていました。椅子は背もたれがなく、重ねられるタイプです。スペースを有効活用できる、掃除がラクなど、実用性を考えて選びました。

でも、夫とふたり暮らしになったので、家の中を居心地よくするために、ダイニングテーブルを買い替えたいなと思いました。

ゆったりできるように大きめで、部屋が広く見える低いもの。この2点に絞って、ずっとダイニングテーブルを探していました。メジャーはいつもカバンに入れて、いいなと思うテーブルを見つけたときは、サイズを測ってみたことも。でも、なかなか「これだ！」というものは見つかりません。よいものを探しながら、購入資金をコツ

ダイニングテーブルにはテーブルクロスを掛けています。クロスを替えると雰囲気も変わります。

コツためていました。

あるとき、デパートの家具売り場に寄ったら、「これだ！」というものに出会ったのです。メジャーで大きさや高さを測ったら、私の理想にぴったり。セットになっていた椅子も、背もたれとアームがある理想通りのものだったので、どちらも買うことにしました。妥協せずに、探した甲斐がありました。

30年ほど前のことですが、セットで数十万円の買い物でした。決して安くはなかったけれど、ダイニングテーブル貯金をしていたので、即決できました。いつもの節約は、こういうときのため。今でも気に入って使っています。


リビングのテレビの隣に、小さな仏壇を置いています。こちらに引っ越してきてからすぐに、義母が長崎で亡くなりました。遺影と一緒にお花を飾ったり、お水を供えたりしていましたが、仏壇があったらいいなとずっと思っていました。

銀座に行ったとき、木工製品を並べているギャラリーに偶然入ったら、小ぶりでおしゃれな仏壇に出会いました。狭い団地にもぴったりのサイズで、インテリアにもな

扉を閉めると、仏壇とわからないデザイン。ベランダや花壇に咲く花を飾っています。

じんでくれそうです。
値は張りましたが、仏壇はいずれにしても高いもの。迷わず購入しました。夫には事後報告でしたが、「いいね」と喜んでくれました。

節約して貯金に励んでいましたが、必要なものは買っています。本当に気に入ったものを購入したいので、多少高くても仕方がないと思っています。貯金をするのは、そのためです。
本当にほしいもののために貯金をすると思うと、節約も苦ではありませんね。

お気に入りのお店② うつわ屋 紀の森

オーナーの豊田真紀子さんと。
再会におしゃべりが弾んで。

既著でも紹介した、ランチョンマット代わりに使っている木製のトレーを買ったお店です。お友達が使っていた素敵なトレーを真似して買おうとお店を教えてもらい、訪ねたのがご縁の始まりでした。今回、久しぶりに訪ねたら、雰囲気は前と変わらずに、こぢんまりとした店内にいいものがぎっしり詰まっていました。九谷焼、益子焼、作家物など、オーナーさんが選んだ、普段使いできるちょっと素敵なものがそろっています。晩酌用の小ぶりのぐい呑みをずっと探していたのですが、ぴったりのものを見つけました。温かみのあるこげ茶でコロンとしたデザイン。値段もお手頃だったので、一目惚れして購入。毎日使っています。

うつわ屋　糺《ただす》の森
神奈川県藤沢市鵠沼海岸 2-6-4
TEL:0466-51-3833

90歳の今、ますます団地住まいのよさを実感

九州にいたときから団地に住んでいました。

今から60年以上前のことですが、当時の団地はダイニングキッチンや水洗トイレなどの設備がある、最新の住まいでした。人気があったのでたくさんの応募があり、当選しないと入居できませんでした。家族が◯人までは◯DKなど条件が厳しく決まっていて、前年度の給与明細など提出する書類もたくさんありました。

私たちも最初は落選し、補欠でした。でも、運よく繰り上げ当選になって、どうにか入ることができたのです。家賃は8000円くらいでした。

その後、神奈川県に引っ越してきて、同じ公団の団地に入居できました。同じような広さと間取りでしたが、家賃は1万2000円に値上がりしました。お給料も上がったので、どうにか生活できましたが、最初は、お給料の中で家賃が占める割合が

高くて、けっこうきつかったですね。

団地のよさは、私にとっては目の届く狭さでした。結婚してから義母と同居していた大きな家は、掃除も大変だったし、家族がバラバラでした。

50㎡ほどのこの団地の部屋は、子育てにはピッタリでした。子どもたちの顔をいつでも見ることができ、元気がないな、具合が悪そうだなということが、言葉に出さなくてもわかりました。

新型コロナウイルスの流行が始まる少し前、風邪が悪化して肺炎になり、1週間ほど入院したことがあります。そのとき、長

60 年近く前の団地のデザインが、そのまま残る欄間。

男に必要なものを持ってきてもらったのですが、「○○は押し入れの棚、△△はリビングの引き出しに入っている」と的確に指示ができました。

狭い団地だからこそ、どこに何が入っているのか把握できています。ひとり暮らしなので、いざというときのためにも、物のある場所がわかっていると安心です。

自分でも、「私ってすごいかも」と感心しました（笑）。

お子さんが独立して夫婦ふたり暮らしになったお友達から、「一戸建てを売って、マンションを買って引っ越そうかな」とい

一緒に YouTube をしている 10 代の孫が、「エモい！」という洗面所です（笑）。ここも 60 年前の姿を残しています。

う話を聞きました。

私は「どちらかが先立ってひとりになったとき、施設に入るとなったら、またマンションを売らないといけない。賃貸のほうが手間がかからないんじゃない」と言いました。

ご主人も「それがいい」と私の意見に賛同したそうで、うちの団地に見学に来ました。でも、エレベーターがないからと断念、近くのエレベーターのある団地に引っ越しました。

「賃貸の団地に引っ越して気がラクになった」と、ふたりで元気に暮らしています。

年齢を重ねると、ますます団地のよさを実感します。

ひとり暮らしでも、団地内には人がいるので、寂しさを感じにくいように思います。団地の広場で毎朝開催されているラジオ体操に参加し、必ず誰かとおしゃべりをしています。家の中で修理が必要な箇所が出たら、団地の事務所に連絡すると対応してくれます。

ずっとこの団地に住み続けたのは、いい選択だったと思っています。

第4章

人間関係も無理なく

どこに参加するときも人間関係を一番に考えない。したいこと優先

80代前半の頃、父子家庭になった次男の家へ、サポートのために通っていました。自宅から遠く、交通費もかかるので、行ったら2週間は滞在するように。月の半分は次男の住む地域で生活していたことになります。

できるだけ自宅と同様の生活をしたいと考え、毎朝通っているラジオ体操がこちらでもやっていないか探しました。近くの公民館で開催されていると知り、早速参加してみることにしました。

知り合いのまったくいない初めての場所ですが、それは気にしません。誰かとおしゃべりしようと思って行くわけではないからです。目的は、体を動かすこと。むしろ知らない人ばかりだと、黙ってするべきことをして、さっと帰ってこられる気楽さもあります。

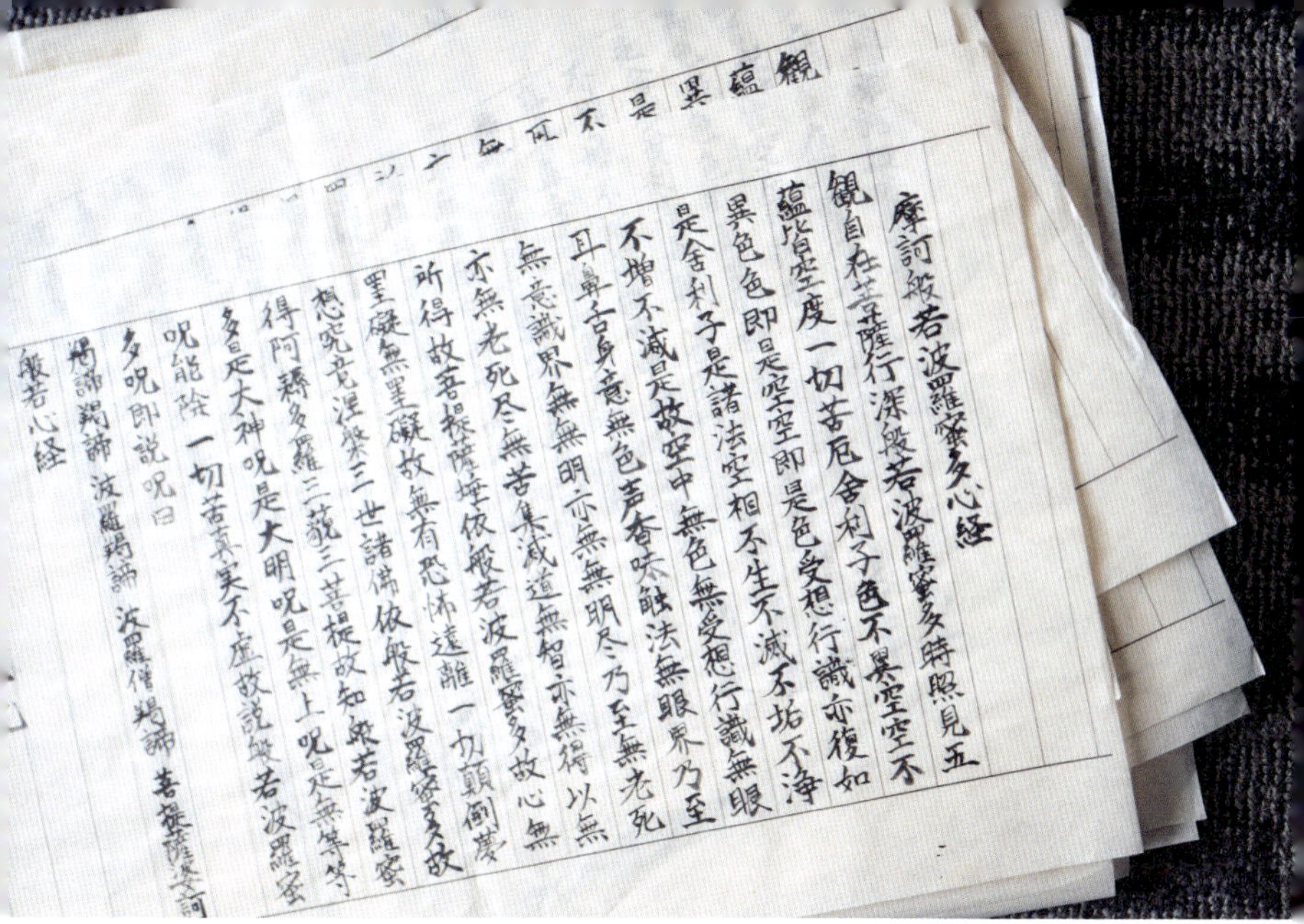

写経の会では、般若心経を書写します。墨をすり、筆で１時間以上かけて書いていきます。心が落ち着きます。

筆を動かしながら、おしゃべりも止まりません（笑）。

でも、そうやって毎日通ううちに、自然と挨拶を交わす顔見知りができてきました。

人間関係を先に考えることはないのですね。習い事などでも、いつも「これをやりたい」という目的が先にあり、知り合いがいるかどうか、親しい人ができるかどうかなどは気にしません。ほとんどがひとり参加です。

でも、好きなものが同じだから、気が合う人が多く、自然と仲良くなります。友達作りを目的にしないと、かえって友達ができたりします。

「知り合いがいないところでなじめるかしら?」とか「周囲の人と仲良くしないといけない」などと、人間関係を優先して考えると、つらくなります。自分のしたいこと優先が、私にはラクな生き方でした。

個人的な事情には踏み込まず、その場で楽しく過ごせたらいい

人とのお付き合いは「広く浅く」がいいと思っています。深く付き合うほうがいいとよく言われますが、「友達はこの人しかいない」と思うと、お互いに苦しくなります。それに年をとると、施設に入ったり亡くなったりする人もいるので、あまり深く事情を追わずに、広く浅い付き合いがちょうどいいのです。

歌の教室のお友達で、電話をかけてくれるほど仲良くしていた人がいました。でも、ある時期から教室に来なくなって、電話もかかってこなくなりました。

気になるけれど、こちらから電話をするのも躊躇します。他のお友達とも「どうしているんだろう？」と話しているけれど、誰もその人が今どうしているかは知りません。何もしてあげられないから、あまり立ち入ったことを聞くのも……と思います。寂しいけれど、仕方がないですね。

個人的な事情に踏み込むことはせず、趣味の話をしたり、情報交換をしたりできるといいなと思っています。

なかには、子どもが孫がと家族の話をする人もいるけれど、子どもや孫を知っているわけではないから、会話はあまり弾みません。それに、家族関係は人それぞれなので、深入りはしないでおきたいと思います。

参加した場で会話が弾んで、楽しく過ごせるのが一番です。話は、そこで終わりにするのが、気楽です。その後、個別にお付き合いをしなくてもいいのです。少し距離を置いたほうが、うまくいくと思います。

わが家の本棚に、沢村貞子さんの『私の台所』があります。テレビドラマに出演しているのを見て、立ち居振る舞いが素敵だなと思ってファンになり、著書も読むようになりました。

若い頃、習い事の仲間のひとりに冷たい言葉をかけられ、相手との関係に悩んでい

沢村貞子さんのエッセイ『私の台所』（暮しの手帖社版）。夜寝る前の読書は欠かせません。

たことがありました。その場に行くと会ってしまうので、避けることもできません。

そんなとき、『私の台所』の中に、「つかず、離れずが一番」という言葉を見つけました。私の気持ちに、ピッタリと当てはまりました。

どんな人とも、一線を引こうと思ったら、気持ちがラクに。

今は、人間関係で悩むことはありませんが、やはり若い頃は、悩んだこともたくさんあります。自分にとって心地いい、人との距離のとり方が、徐々にわかるようになりました。

外に出て人と話すと、新しい情報がばんばん入ってくる

日常生活の中で、「ちょっと困ったな」と思うことは、人に話すと助け舟を出してもらえることが多いです。「足がフラフラする」ということにも、「ステッキを使えばいい」とお友達が教えてくれました。

さらに、「ステッキを選ぶとき、どういうのがいいの?」と質問したら、「軽いのを選んだらいいよ」。「みんな似たようなステッキだけど、名前は書いているの?」「うん、書いているよ」。体験者に話を聞くのが一番ですね。

試しに傘をついて歩いてみたら、「あら、ラクね」。まだ自分には必要ないと思っていたけれど、そろそろお守り代わりに持っていてもいいのかなと、気持ちが変わりました。

お友達から聞いて試してみた、シラスのせ冷や奴。晩酌のおともに。

こんな話ができるのは、私が色々参加している習い事や趣味の会の人たち。好きなものが同じ人たちとは考え方が似ているせいか、何か質問すると参考になる答えを返してくれます。ステッキは、写経の会で聞いてみました。最近はおしゃべりが多くなり、手が止まってしまうことも（笑）。

リメイクの教室では、「豆腐を食べるとき、上に何をのせるか」という話になりました。「ネギと生姜で食べるわよ」と私が言うと、「私はシラス干しものせるわよ」と言う人がいたのです。「なるほど、シラス干しか。いいかも」と思って、すぐにやってみました。そうしたら、おいしいのです。タンパク質もとれるので、いいこと聞いたなと思いました。

別のときにも、「きゅうりをたくさんいただいて食べきれない」という話をしたら、「薄切りにして塩もみして冷蔵庫に入れておけば、しばらくもつよ」と教えてもらったり。こんなふうに、ちょっとした会話で、色々なヒントがもらえます。

外に出て人と話すと、得られるものがたくさんあるものです。新しい情報もばんばん入ってきます。習い事も趣味の会も、できるだけ休まないように。そのためには、元気でいないとダメですね。健康維持のモチベーションになっています。

人との関係性は変わっていくもの。一度離れてまた近づくことも

娘の実母である夫の前妻は、結核で亡くなりました。療養中は離れて暮らしており、娘はお母さんと頻繁に会えていなかったようです。義母が母親代わりとなったので、娘はおばあちゃん子でした。

私たちが結婚したとき、娘はすでに10歳だったので、夫は「姪っ子を預かったような感覚でいいよ。母親になろうと気負わないで」と言ってくれました。だから、随分気がラクでした。

当初は義母や娘と同居していましたが、長男が生まれてから近くに引っ越すことになりました。ふたりに遠慮をして、私が長男とうまく接することができなくなり、夫に義母との別居をお願いしたのです。

窓辺の飾り棚には、植物を飾って。昔作った人形が出てきたので、飾ってみました。
下に敷いている布は、妹手作りの裂き織り。

私たちが家を出るとき、娘は付いてくることなく、義母とふたりで暮らすことを選びました。でも、義母は「おばあちゃんはいつまで生きているかわからない。お父さんたちと一緒に暮らしたほうがいいよ」と娘を説得。しばらくして、娘は私たちと再び一緒に暮らし始めました。

神奈川県に引っ越してきたとき、娘はすでに高校生になっており、あまり干渉せず、あたらずさわらずの関係でした。でも、時々友達をうちに呼んだりしていたので、手作りのシュークリームをおやつに出したこともあります。

高校を卒業して就職し、職場に近い親戚宅にお世話になることになり、娘は家から独立しました。その後、結婚し、ふたりの子どもに恵まれ、今はうちから比較的近い場所に住んでいます。お婿さんもそのご両親もとてもいい人で、よくうちに遊びにきてくれました。

関係が変わったなと感じたのは、娘が結婚してからです。娘家族が遊びに来た後で、「昨日食べたおかず、息子が『おいしかったから、おばあちゃんに作り方を聞いて』って言うのよ。教えて」というような電話が来ることが増え、自然に会話が弾むようになりました。

10歳以上離れている息子たちと娘は、子どもの頃は接する機会が少なく関係が薄かったですが、今はとても仲がいいです。夫の家族葬を娘と長男で仕切ってくれたり、「お母さんの面倒は私たち3人でみるから安心して」と言ってくれたりしています。

お気に入りのカゴバッグは、「お母さんが亡くなったら、私がもらうね」と娘の先約が入っています。最近は両手が空くリュックが定番になり、カゴバッグの出番が少ないので、生前に譲ってしまおうかとも考えています。そのほうが、娘の喜んだ顔が見られて、私もうれしいですしね。

今、その人との関係があまりよくなくても、無理に仲良くしなくていいと思います。時とともに、人の気持ちも変わり、関係も変わります。離れて暮らすようになったからこそ、お互いにわかり合えることもあります。人間関係は流動的なものです。

生涯の友だった、長崎の同級生の思い出

元々人と話すのが苦手で、友達は多くありません。そんな中でも、生涯気の合う友達がいました。それは、高校の同級生でした。

学生時代、夕食を食べた後に、必ずうちに遊びに来ていました。「じゃあ、浜ブラしようか」と言って、近くの繁華街である浜町商店街にふたりで行きました。本屋さんに立ち寄ったりしてぶらぶらするだけですが、毎日楽しくて。長崎は日が暮れるのが遅くて、夏は7時を過ぎてもまだ明るかったのです。

私がいないときは、姉たちが相手をしてくれていたようで、家に上がって待っていたりもしました。ずっと一緒にいても飽きない、人の悪口は絶対言わない穏やかな人でした。

故郷長崎の味・皿うどん

家でも手軽に作れます。豚肉、ちくわ、キャベツ、もやし、にんじん、ピーマンなどを炒め、スープの素を湯で溶いて加えます。焼きそばに使う麺に、具沢山のあんかけをかけて出来上がり。

長崎に住んでいる姪が定期的に送ってくれる、下町食品のスープの素。これがあるだけで、かんたんに故郷の味になります。

結婚後は彼女も神奈川県に住んでいたので、よくご主人と3人で飲みに行ったりしていました。ご主人がお酒好きだけど彼女は飲まないから、「多良さん、居酒屋に行こうよ」と私を誘うのです。

ご主人の定年退職後はふたりで長崎に戻ったので、帰省したときにはよく会っていました。

最後に会ったのは、ご主人が亡くなってひとり暮らしをしていた頃です。いつもは外で会うけれど、そのときは「うちでお茶しない？」と自宅に誘われました。

色々話して、そろそろ帰ろうかなと思っていたら、「筍とフキを煮たから食べない？」というようなことを言って、次から次へと何かしらを出してくれます。だから、帰れなくなってしまって。途中で、帰りを待っている帰省先の姉に「遅くなるから、ごはんは先に食べてて」と電話をしたほど。

特別な話をするわけではなく、「ベランダの花がいいわね」なんていう、ごく普通のことなのに話が尽きません。

いよいよ帰るとき、彼女がバス停まで送ってくれました。「この坂がきつくなったのよ」と言うので、「私は大丈夫だから、帰っていいわよ」と答えると、「バス停までは送って行くわよ」と言ってくれて。それが最後でした。

他の人から、「その頃は、病院に入院する用意をしていたらしいよ」と聞きました。でも、私にはそんな素振りも見せなかった。自分ではわかっていたんでしょうね。亡くなったと聞いたときは、やっぱり寂しかったです。あんなふうに、気を遣わずに会話ができる人は他にいませんでした。

小学校の友達の中に、一度は疎遠になったけれど、やり取りが再開した人がいます。小学校時代、友達は少なかったけれど、唯一友達と呼べる、４人の仲良しグループがいました。私は亡くなった母の希望もあり、姉たちも通っている私立の中学校に進学。仲良しグループのひとりは同じ中学校だったのですが、他のふたりとは疎遠になりました。

それが、20年ほど前、小学校の同窓会に初めて出席したら、そのうちのひとりにばったり会ったのです。それまでは全然交流はなかったけれど、住所を交換。その後、年末に手作りの絵手紙カレンダーを送っています。

「今年のカレンダーよかったよ」と返事をくれたり、長崎・五島の名産のかんころもちを送ってくれたりします。電話をしたり直接会ったりはないけれど、故郷・長崎で「まだ元気でいるな」という人がいると思うと、それだけでホッとします。

親しい人に毎年送っている絵手紙カレンダー。ひとつひとつ手作りですが、だんだん作るのが大変になり、今年は息子に手伝ってもらいました。

年をとったら、儀礼的なことは卒業させてもらう

夫が亡くなったとき、夫や私の兄弟姉妹、親戚には四十九日を過ぎてから連絡しました。「教えてくれたらよかったのに」と言う人もいましたが、高齢で遠方に住んでいる人が多いので、来てもらわなくてよかったと思っています。

以前、夫の長兄が亡くなったときに四十九日を過ぎてから連絡が来て、「いい方法だな」と思って参考にしました。

60代の頃、高校の同級生のご主人が亡くなり、彼女が「お香典はいらないよ。これから、お互いにお香典はやめよう」と言ってくれました。

お香典を出すと、お返しをすることになります。今後、年をとるとやり取りが頻繁になります。また、長生きするとお香典を出すだけになる場合もあります。同級生が宣言してくれたおかげで、仲間内でのお香典のやり取りから解放されました。

私の姉妹の間で、以前はお中元、お歳暮を贈り合う習慣がありました。でも、しっかり者の３番目の姉が、「大変だから、やめようよ」と言ってくれ、みんなでやめました。

今から30年ほど前ですが、ほしいものは人から贈られるよりも自分で買う時代になっていました。気がきく姉のひと言に、姉妹みんなでほっとしました。

80歳になったとき、年賀状をやめました。以前は、習い事の仲間、姉妹、親戚、同級生、夫の仕事関係などに、１００枚ほど絵手紙で年賀状を手書きしていました。部屋中に描いた絵手紙を広げて乾かし、夫が名前のハンコを押してくれました。

友達が「年賀状をやめようかな」と言っていたので、私も「80歳でやめよう」と決めました。79歳のときに夫が亡くなり、手伝ってくれる人もいなくなったので、いいタイミングでした。

宣言はしませんでしたが、年賀状を送ってくれた方々には、絵手紙の寒中見舞いはがきに「年賀状はやめました」と書いて送りました。

手作りコースター。布が大好きだから半端に余ったものも処分できず、思いつきました。姪がプレゼントしてくれた既製品をヒントに、自分なりにアレンジ。もう何年も作っていますが、今でも布や糸の色合わせにワクワクします。

コースターの作り方

1

裏にする布を選び、12cm四方にハサミで切ります。

2

上に布を重ねます。メインの布と差し色の布を組み合わせて。

3

余分な布をハサミで切ります。布は端の始末はせず切りっぱなし。

4

いろいろな端切れを使うと楽しい。少し重なるように並べて。

5

裏と表の布をまち針で押さえます。布が重なる部分を中心に。

6

裏に返し、余分な表の布をハサミで切って形を整えます。

7

布同士がずれないように、布を重ねた部分にしつけをかけます。

8

最後は刺し子の糸で、外から内へぐるりと並み縫いするだけ。

今は、ちょっとしたお手紙やお礼状にも、絵手紙を活用しています。絵手紙は、絵がメインで言葉はひと言です。お手紙に書く文章に頭を悩ますこともなく、今の自分の気持ちをさっと伝えられる、便利なものだなと思います。

お礼と言えば、以前は何かをいただいたら、すぐにお返しをしていましたが、今はお返しをやめました。というのも、私自身が何かを差し上げたとき、お返しをもらうと、「お返しをしなければという、よけいな気遣いをさせちゃったな。あげなければよかったかな……」と思ったことがあるからです。

だから、「物はあげない」「お返しはしない」と決めました。すると気持ちがラクに。お返しをしないことが不義理だと思う人もいるかもしれませんが、そういう人はその後何もくれなくなるでしょう。そこで物のやり取りが途切れるので、ちょうどいいのです。

でも、何かをいただいたときは、本当にうれしいので、「ありがとう」と喜びます。

そして、「おいしかったよ」などと感想を伝えます。以前は、旅行に行ったときも人にお土産を買っていましたが、今は自分がほしいものだけを買うようにしています。

趣味が合うなと思う人には、うちに遊びにきてくれたときに、手作りのコースターなどをプレゼントすることはあります。手作りのものは好みがあり、もらっても困ることもあるから、本当に喜んで使ってくれそうだなと思う人だけにしています。

儀礼的なことは、自分がしたいというよりは、「こうしなければならない」と思い込んでいたものが多いです。縛られていたものから卒業したら、スッキリしました。

第5章
家族との関係も
さらさらと

子どもたちを怒ってばかりだった
私が一変した日

長男が小学校1年、次男が幼稚園の頃、子どもたちを怒ってばかりいました。

ある日、カーッとなって、30㎝の物差しを振り上げて、子どもたちのお尻を叩こうとしました。すると、次男が「ママ、こわい」と言うのです。今までそんなこと言われたことがなかったから、ハッとして、物差しをおろしました。

そして、その瞬間、急に気持ちが切り替わり、「いい母親ぶるのはやめよう」と思ったのです。


夫は仕事が忙しくて、家には子どもたちと私だけ。次男はおもちゃを散らかすし、長男はランドセルを投げ捨てる。片づけても片づけても、すぐに散らかります。

ごはんの支度をして子どもたちに食べさせないといけないし、お風呂にも入れないといけない。夫が帰ってきたら、スッキリきれいな部屋で迎えてあげたいのに、それができない……。

自分ひとりで、子育ても家事もがんばらないといけないと思って、いつもイライラしていました。九州から引っ越してきて間もないから、近くに話せる友達もいません。夫には、新しい仕事に注力してほしかったから、家のことは話せませんでした。

良妻賢母でいたかったんでしょうね。夫からは「部屋が散らかっている」と言われたわけではなかったのに、自分で思い込んでしまった。母が家をいつでもきれいに片づけていたので、そのイメージが染みついていました。

次男のひと言で我に返って、それからは、「お母さんじゃなくてもいい。友達やお姉さんのように接しよう」と切り替えました。

元々何事も切り替えが早いタイプでしたが、このときも不思議とパッと切り替えられました。心のどこかでは、イライラしている自分をどうにかしたいと思っていたのです。子どもたちが、私の顔色ばかり見ているなと気になっていましたから……。

部屋が散らかっていてもいい、ごはんの時間が遅くなってもいいと、いいかげんな母親になりました。

それまでは、片づけや家事に一生懸命で、子どもたちが話しかけてきても「後でね」と言っていましたが、必ず手を止めて「なあに？」と聞くように。

そうしたら、「僕もお手伝いする。今日はどのお皿を使うの？」「あなたの好きなお皿を持ってきていいのよ」なんて、どんどん打ち解けていきました。

ふたりともよくしゃべるようになって、私の顔色も見なくなったので、本当に

息子たちが小さい頃の写真。左の赤ちゃんは次男、右の赤ちゃんは長男。長男は数年前に還暦を迎えました。

ほっとしました。

あの頃の自分の顔を想像すると、ゾッとします。鬼婆だったでしょうね。それからは怒ったことはありません。時々、意見の相違で言い争うことはありましたが。

怒らないと、子どもたちもちゃんとするんですね。片づけられるようにはならないけれど、一緒に片づけるようにはなりました。それに私がいいかげんになったから、きちんとしていなくても、イライラしません。怒らなくなったことで、私もラクに子育てができるようになりました。

子離れが早かったのは、好きなことがあったから

子離れは早かったです。次男が小学校2年生のときに、ひとりでお風呂に入り始めたので「もう、私の手はいらないんだ」と思いました。ここが子離れのスタートで、学年が上がるとともに徐々に進めていきました。

子どもたちが高校生になった頃から、私も趣味が忙しくなってきました。長男の高校でPTAの役員をしていましたが、同じ役員の中にモラ（中米パナマのサンブラス諸島の先住民クナ族に伝わる手仕事）の先生がいました。先生の素敵なモラのバッグを見て、思いきって話しかけて教えてもらうことにしたのです。

そして、モラの教室に一緒に通っていたお友達の紹介で、ニットの教室にも通うことになりました。編み物は昔から好きでしたが、本格的に習うのは初めてです。モラ

とニットに夢中になり、私の世界は広がりました。

次男が大学を卒業し、55歳の頃に子育てが終了しました。この時期に、母親が空の巣症候群になると聞きますが、子離れはすんでいたので、私はまったくありませんでした。母親業からは卒業し、これからは今まで以上に「自分の好きなことをしよう」と思いました。


子どもたちに「勉強しなさい」と言ったこともありません。

長男が中学生の頃、成績があまりよくなかったので、担任の先生との三者面談で「公立高校は難しいかもしれない」と言われました。

帰り道、息子に「高校には無理に行かなくてもいいのよ。あなた料理に興味があったよね。料理の道に進みたいなら、パリでもどこでも修行に行かせてあげるわよ」と言いました。小学生のときはいい成績だったのに、中学でガクンと落ちたから「勉強が嫌いなのかな」と思ったのです。

でも、そんなやり取りがあった後、息子は急に勉強するようになり、行きたい高校

指なし手袋。指部分がないと編むのもラクです。手の甲と手首を包むだけでも、あたたかい。毛糸の色替えで楽しんで。

を自分で見つけて、無事に合格しました。

また、長男が高校生のとき、最寄り駅の近くに塾ができ、本人の希望で通わせていました。でも、部活が終わった後、塾に行くのがきつくなったのか「今日、休みたい」と言います。

このときも、「あなたが行きたいって言うから通わせたのよ。行きたくないなら、お金もかかるしさっさとやめてもらっていいのよ」と私が言うと、それからは休みたいと言うことはなくなりました。

私は、子どもたちに無理強いはしません。

本人に選ばせないと、やる気にならないし、長続きもしないと思っています。勉強が嫌いなら、別の道を進んでもいいと考えていましたが、息子たちは大学に進学する道を選び、企業に就職しました。

進学するときも、就職するときも、子どもたちに任せました。私には好きなことがあったので、よけいな口出しをする暇がなかったのはよかったですね。

子どもの人生の紆余曲折は ただただ見守る

次男は、長男に比べて手がかからない子でした。兄が親に注意されているところを見ているので、同じことはしなかったのでしょう。

高校卒業後は、仙台の大学に入学し、家からは出てひとり暮らしを始めました。「ごはんはちゃんと食べているの？」「風邪はひいていないかしら」と、最初の1年は何かと心配でしたが、次男から何の連絡もありません。1年してようやく帰省し、元気な顔を見たら安心しました。ところが……。

次男は、兄のあとを追うように理系に進みましたが、1年大学に通い、「自分は理系ではなく文系だった」と気づいたそうです。2年生のときは、ほとんど学校には行かず、小説を書いていて落第しました。

おはぎ

おはぎはもち米だけで作ります。冷凍したものを自然解凍しても固くなりません。

そして、「大学をやめたい」という長い手紙が届きました。そこまで思い詰めているとはわからなかったので、驚きました。手紙を読んだ日は眠れず、「せっかく入学できたのにもったいない。どうしよう?」と一晩悩みました。

でも翌朝、腹をくくりました。「まだ若いからなんでもできる。やめるならやめたらいい」と。

そして、「やめるのはいつでもできるんだから、1年休学してみたらどうだろう?」とアイデアが浮かびました。夫も賛成してくれました。

次男と話したところ、私の提案に納得し

おはぎの作り方

①

あんこは小豆と砂糖で手作り。小豆は大納言がおいしいです。

②

もち米を炊き、めん棒でつぶします。半殺し（半分くらいつぶす）に。

③

1個 40 ～ 50g くらいに、ふんわりとまとめます。もち米２合で 15 個ほど。

④

濡れ布巾の上にあんこをのせ、スプーンで平らに。

⑤

あんこでもち米を包みます。布巾であんこを薄く伸ばしながら。

⑥

あんこが足りなくなったら、少し足しても。冷凍はアルミカップで１個ずつ。

て1年休学することに。幸い、休学中の学費は免除されました。アルバイトをしたり、小説を書いたりして、こちらには戻らずに仙台で過ごしました。

何が次男の気持ちを変えたのかはわかりませんが、1年経ったら「大学に復学します」と、また長い手紙が来ました。私はドキドキしてその手紙が読めなかったので、夫に読んでもらいました。

アルバイト先の上司がとてもいい方で、色々助言をしてくれたようです。もしかして、大学に戻ることをすすめてくれたかもしれませんが、真相はわかりません。次男の人生の選択は本人にしかできないので、ただただ見守るだけ。大学に復学してからは勉強をがんばり、理系の研究者として就職しました。

その後も、次男の人生は紆余曲折がありました。仕事で悩んで2回も倒れたり、シングルファーザーになったり、会社を辞めてブックカフェを開いたり……。次男の選択に口を出すことはしないけれど、「何か私にできることはないか」と考え、「食事で支えよう」と思ってきました。

仙台の大学生時代には、段ボールにお米や食材を詰めて送りました。大からは、「食材なんて、仙台でも買えるのに」と笑われましたが、私は「いいのよ」と言って続けました。その中に、次男が好きなおはぎを入れて。

傷まないように冷凍しておくと、荷物が届く頃にはちょうど解凍されて食べ頃になっています。ほとんど連絡をしてこない次男でしたが、そのときは「おはぎがおいしかったよ」と電話をくれました。

シングルファーザーになったときも、次男の家に通って、親子ふたりのために料理を作りました。しっかり食べて、元気を出してほしいと思ったからです。次男に頼まれたわけではなく、私がしたかったのです。

今、次男は新しい仕事につき、忙しい毎日を送っています。２週間に１回、週末にわが家に来てくれますが、忙しいと「今週は行けないよ」と連絡が来ることも。でも、次男の毎日が充実しているなら、それが一番だと思っています。

孫には自活していく大切さを伝えています

当時、高校3年生だった孫（娘の息子）が、お正月にわが家にきたとき、部屋の隅っこでしょんぼりしていました。

娘が「今、学校に行ってないのよ」とこそっと教えてくれたので、孫を呼んで、「学校がいやだったら、やめてもいいのよ」と言いました。

あと3ヵ月足らずで卒業という時期、親だったらなかなか言えないことです。次男が大学をやめたいと言ったときは、私自身も悩んだからわかります。でも、祖母の立場なら、親とは違う視点のアドバイスができると思いました。

「そのかわり、手に職をつけなさい。自分ひとりで生きていけるような技術を身につけてごらんよ。おばあちゃん、調理師の専門学校に通ったけど、楽しかったわよ」

65歳の頃、母代わりだった4番目の姉が癌で亡くなり、落ち込んでいました。子ど

ジャーマンポテト

茹でたじゃがいも、玉ねぎ、ベーコンを炒めて。孫たちに人気でした。

肉じゃが

肉は牛肉ではなく豚肉です。次男親子が来たとき、よく作ります。

もたちが「何か好きなことをやりなよ」と背中を押してくれ、一念発起して調理師の専門学校に1年間通いました。そのことを例にして、孫を励ましたのです。

子どもの人生の選択は、親がしたらいけないですね。本人に選ばせないと。その後、孫は本当に高校をやめて、美容師の専門学校に通いました。今では、独立して自分のお店を出し、家族も持って、楽しく暮らしています。

娘と長男のところの孫たちは、みな社会人になり、もう心配はしていません。次男のところの孫は、まだ19歳の学生なので唯一気になる存在です。

孫が中学生の頃に、YouTube「Earthおばあちゃんねる」を一緒に始めました。モラや絵手紙などの作品、料理を動画に残しておけば、私が死んだときに家族が思い出してくれるかなと思ったのが、YouTubeを始めたきっかけです。

そして、パソコンが得意な孫が、その能力を伸ばせるきっかけになったらいいなとも思いました。思いがけず、たくさんの人に見ていただき、4年以上も続けることができています。

孫は高校卒業後、アニメーションの専門学校に入学しました。動画の制作ができる人として、学校でも一目置かれているようです。勉強が苦手だったので心配をしていましたが、好きな道を見つけました。

そして、小さい頃から「高校を卒業したら、パパの家を出るのよ」と言っていたら、本当に専門学校に入学と同時に、ひとり暮らしを始めました。好きなことをして飛びまわっているので、次男にも滅多に連絡はしないようで、親離れができたみたいです。孫よりも次男のほうが寂しがっていますね。

このまま好きなことが仕事につながって、孫が自立して生きてくれたらいいなと思っています。

9歳年上だった夫のこと

年の離れた夫とは、ほとんど喧嘩することもありませんでした。仲良く過ごせた結婚生活だったと思います。

私が食事作りや家事で家に閉じこもりがちになることを、夫は気にしてくれたのか、息子たちが小学生の頃に、「子どもたちは僕が見ているから、自由に遊んできていいよ」と、月1回、日曜日に私を送り出してくれました。自分も土曜日まで仕事をしていて、ゆっくりしたい休日だろうに、ありがたいことでした。その言葉に甘えて、1日好きなことをさせてもらいました。

引っ越してきたばかりで、こちらのこともよく知らなかったので、新宿の伊勢丹か横浜の高島屋、元町に買い物に行くくらいでしたが、楽しい時間でした。当時は友達もいなかったので、いつも私ひとりです。朝10時くらいに出かけ、お昼を食べて買い

右の写真は、わが家のお墓の購入を決める際、まだ元気だった夫と見に行ったときのもの。真ん中は50年以上前の夫（後ろ姿の子どもは次男）。

物をし、夕方5時頃に帰ってきます。夕食は「外に食べに行こう」と夫が言ってくれ、その日は夕食の支度もしなくてすみました。

私の自由時間なのですが、買うのは夫の靴下やシャツ、子どもたちの洋服など。自分のものは買わなかったけれど、すごく満ち足りた気分でした。

いい気分転換になって、また月曜日からがんばれました。

夫は68歳で定年退職しました。「仕事もゴルフも麻雀もやりきった。これからは、君が好きなことをしたらいい」と、私の習い事、旅行なども快く送り出してくれました。

もちろん、ありがたかったのですが、夫はどこにも行かず家にいました。夫を残して私だけ出歩くのも気になるものです。

そんな夫に対して、息子たちは「お父さん、どこも出かけないでいいよ。家がいいなら、好きなだけいいなよ」なんてやさしい。会社勤めの大変さがわかっているからでしょうか。私は「お母さんの気持ちはどうなるの？」と、複雑な気持ちでした。

元々丈夫な人でしたが、80歳の頃、近所で転んで足元がおぼつかなくなりました。夫をひとり残しての外出が心配になり、病院に相談すると、ケアマネジャーさんを紹介されました。

介護認定を受けてみたら要支援が取れたので、週2回のデイサービス、月1回のショートステイを利用するようになりました。

ショートステイは、最初は2泊3日でしたが、1日目は朝11時に迎えにきて、3日目は午後3時に帰ってきます。中1日しかなくて、慌ただしいので、「3泊4日はどう？」と提案したら、夫は「いいよ」と。

施設のスタッフや他の利用者さんがやさしくて、楽しく過ごしていたみたいです。私はその間に、息子のところに行ったり、他の用事をすませることができたので、助かりました。


夫は88歳のとき、自宅で突然倒れ、大動脈瘤と診断されて手術しました。手術は成功しましたが、入院中に食事がとれなくなり、自宅に戻りました。そして、倒れてから約50日後に安らかに亡くなりました。

夫の会社が2回も倒産したり、次男が大学をやめたいと言い出したり……。色々なことのあった50年余りの結婚生活ですが、夫はおしゃべりが大好きな、やさしい人でした。楽しい時間を過ごさせてもらったと思います。

仏壇には分骨した夫の遺骨があります。毎朝、水を替えて最近の出来事を話し、「子どもたちを見守ってください」と手を合わせています。

子どもとの同居を解消して元気になった同世代の話

結婚した当初、義母と同居しましたが、関係はぎくしゃくしていました。家を出て物理的な距離ができたことで、お互いに思いやる言葉が自然に出るようになり、仲が修復していきました。

この経験から、家族であっても離れて暮らすことが関係を良好に保つ方法だなとわかりました。

周囲にも子どもとの同居を解消して、関係がよくなった人がいます。

娘家族と同居していたお友達は、お手伝いさんのように家事や育児をすることになり、すっかり疲れ果ててしまったそう。娘さんが家を建てるときにお金の援助もしたので、なかなか別居に踏み切れませんでしたが、私たち仲間で「お金はあげたと思っ

お茶の時間に飲むミルクティーは、沖縄旅行で買ったマグカップで。赤いシーサーがかわいいです。お菓子はお気に入りのシャトレーゼ。

たほうがいいよ。別居したほうが、絶対に元気になる」とアドバイス。

すると、本当に娘さんの家から出てひとり暮らしを始め、元気を取り戻しました。その後、娘さんとの関係も改善し、時々遊びに行ったりしているようです。

また、最寄り駅のベンチで電車を待っているとき、たまたま隣り合わせた同世代の女性から、こんな話を聞きました。

ご主人を亡くされて、次女家族と暮らすことになったけれど、「暮らし始めて1週間で、ここにいたくない」と思ったそうです。長女に相談して団地を探してもらい、最近私の住む団地にひとりで引っ越してきたんだとか。

　実の親子での同居、それも娘さんとでも難しいことがあるんだなと思いました。

「ひとり暮らしは寂しい」と言われますが、そんなことはありません。誰にも気を使わずに、24時間自分の好きなように過ごせます。私は毎日、習い事や趣味で忙しいから、寂しさを感じる暇もありません。

　それに、私が楽しそうにしていることが、子どもたちにとっても安心なのかなと思います。親が元気で遊びまわっていることが、一番の子ども孝行ですね。

第6章

長く生きれば生きるほど解放されていく

年をとるほど人生ラクになる。70代が私の花でした

年齢を重ねることに、悲観的にはなりません。自然なことだと受け入れますし、いいこともあるからです。年をとればとるほど、様々なことから解放され、どんどん自由になっていきます。

第1のターニングポイントは、次男が大学を卒業した55歳のときです。子どもたちは社会に出るまで長かったのです。長男は1浪し、さらに大学院まで行ったので7年間。次男も長男同様1浪し、留年、休学を経て、やっぱり7年間……。

46歳から55歳までの10年間はお金がかかりました。なかでも、ふたりの大学生活が重なっていたときは、とにかくやりくりが大変でした。次男が社会人になって学費の支払いが終わるとともに、子育ての終了も実感しました。

そして、第2のターニングポイントは、夫が68歳で定年退職したとき。私は59歳でした。毎朝5時に起きてお弁当を作るなど、夫が元気に仕事に打ち込めるように気を配ってきました。そのプレッシャーから解放され、ホッとしました。

様々なことから解放され、60代は自分のやりたいことを気兼ねなく楽しみましたが、母親代わりだった姉が亡くなり、大きな喪失感がありました。70代こそ、わが世の春と謳歌していたように思います。体もまだ元気で、老後というより「人生これから！」という感じでした。

今も続けている高齢者コミュニティの習い事や趣味の会に通うように。年末にベートーベンの第九を歌う市民合唱団に初めて参加したのも、70代のときです。体も動いたので、フラダンスや太極拳もかじっていました。フィットネスにも行っていました。

元々体を動かすのは好きでしたが、より意識的になったのもこの頃。団地の広場のラジオ体操にも参加するようになりました。

80代の前半もまだまだ元気でした。79歳のときに夫が亡くなり、私もいつ死ぬかわからないから、残された人生をできるかぎり楽しもうと思いました。

父子家庭になった次男親子を手伝いに行っていたのは、これまで書いた通りです。料理や家事を担い、リュックを担いで買い物に行く体力・気力がありました。

その後、85歳を過ぎて急性気管支炎にかかり、1週間入院することに。なんとか体調を取り戻したものの、コロナ禍となり、外出が減って、80代後半は年々体の衰えを感じるようになりました。そうして90歳の今に至ります。


さすがにもう、元気でいくらでも体が動く、とは言えません。けれども、唯一気がかりだった孫も、今年で20歳になります。もう私の心配などいらない、立派な大人です。やっぱり、年を重ねるごとにどんどんラクになっていきますね。90歳、いつ死んでもいいという心境です。

めっきり体が衰えた90歳、でも毎日を楽しむことはあきらめず

以前なら当たり前にできたことが、できなくなりました。でも、年なのだから仕方ありません。受け入れるだけです。

もう新しいことはできないけれど、がっかりはしません。今できることを続けられたらと思います。


近頃は頭の衰えを感じます。まだぼけてはいないと思うけれど、花の名前が出てきません。以前は、外で花を見かけたら、すぐに名前が思い浮かんだのに……。

麻雀が強くなってきて楽しいので、多いときは週2回、麻雀の会に参加するのですが、困ったことに対戦相手の名前が覚えられません。麻雀は4人で卓を囲みますが、毎回対戦相手が変わります。次に会ったとき、「この間一緒にやった人だ」と思って

声をかけたくても、名前が出てこないのです。

そこで、名前をメモするようになりました。そうすると覚えられるのです。この間は、ちゃんと「◯◯さん、こんにちは」と声をかけられました。覚えられたことが自分でもうれしいし、相手に対しても親しみがわきました。名前を呼べたことで、相手も喜んでくれていたように思います。

でも、たまには書いていても忘れることも。そんなときは、「あの人、なんてお名前だっけ？」なんて、こっそり親しい人に聞いて教えてもらいます。


89歳の春、体調を崩して2週間ほど自宅療養していました。

病院に付き添ってくれた長男に先生が、「お母さんは、頭はしっかりしているけれど心臓と肝臓が弱っているね」と言われました。大きな体調の変化はなくても、体はやっぱり弱っていますね。

長男が、「テレワークができるから」と1週間ほど団地に滞在し、「ゆっくりしたらいいよ」とごはんを作ったりしてくれたので、のんびり過ごしました。とてもありが

テレビショッピングでピンときて購入した、健康ステッパー。踏むとなかなか重く、1分でも続けると、いい運動になったと思えます。

たかったのですが、それがよくなかったのです。すっかり太ももの筋肉が落ちてしまい、4階の部屋までの階段の上り下りがつらくなりました。

数年前に急性気管支炎で入院したときも、最初はトイレにも行けなかったけれど、家に戻ってきたら、すぐに回復しました。そのときに比べて、回復するスピードが格段に遅くなったのです。

筋肉は元には戻らないかな……と思います。でも、せめてこれ以上衰えないようにしたい。階段はつらいけれど、リハビリのつもりで、用事を作っては1日最低でも2回は上り下りをするようにしています。片手で手すり、片手で壁をさわりながらだと、安定感があるとわかりました。

毎朝6時半からのラジオ体操もお休みしていましたが、しばらくして再開しました。以前は、6時から始まる健康体操にも参加していたのですが、きつくなって行かなくなりました。今の体調を考えて、無理せずに、ラジオ体操だけを続けようと思います。

習い事や趣味の会も、すぐに復帰しました。こういうときこそ、外に出て人とおしゃべりしたほうが、元気が戻ってくると思いました。その他にも、あえて外出する予定を多く入れるように。そうしているうちに、本当にだんだん元気が戻ってきたのです。

できないことが増えても、なんとか自分なりに工夫して。毎日を楽しむことはあきらめたくないと思います。

声だけでも元気よくしようと心がけています

体が弱っても、声だけは元気よく出したいと思っています。暗い声だと、周りを心配させてしまうので。

声に元気がある、力があると言われることがありますが、歌を歌っているからかもしれません。

月2回通っている歌の教室では、初めに発声練習をします。まずは体操をして筋肉をほぐし、ピアノに合わせて10分ほど声を出していきます。これがすごくいいのです。

教室が終わってから、先生に「発声練習が大好きなんです」と言ったら、「わあ、うれしい！　発声練習が面倒だと、やらない人もいるのよ」と。もったいないですね。

発声練習をした日は、お風呂の中で歌うときも声がよく出ます。

何もしていないとき、テレビの歌番組に合わせて歌おうとしたら、声が出ないことも。発声練習の効果は、絶対あると思います。歌うことで喉の筋肉が鍛えられ、誤嚥《ごえん》予防になるとも聞きます。

歌はヘタだけれど、歌うことは大好きです。歌に集中すると、日頃のわずらわしいことを忘れられます。歌の世界に没頭すると、幸せを感じます。

電話に出る声が元気だと言われます。第一声に元気がないと、かけた側は心配になります。顔が見えない分、よけいです。

そうした経験が何度かあり、自分はどんなときも元気な声を出そうと思う

自宅の電話は迷惑電話防止の設定をしており、着信があってもすぐに受話器をとることはありません。

ようになりました。

もちろん、元気が出ない日もありますが、そんなときも声だけは元気に。心がけていたら、習慣になって苦ではなくなりました。

元気な声を出すと、不思議と気持ちも元気になってくるものです。子どもたちの電話にも、心配をかけたくないので元気に出ます。

今後を考えて主治医を変更。24時間対応のクリニックに

夫が亡くなった年齢を過ぎ、やはり今後のことが気になってきました。

次男からも「この先、何が起こるかわからないから、24時間対応してくれるところにしたほうが安心だよ」と言われ、思いきって、夫を看取ってくれた訪問医に主治医を変えたのです。約10年ぶりに先生にお会いしたら、「覚えていますよ」と、ていねいに対応してくれました。

今まで、団地の中のクリニックの先生にずっとお世話になっていました。とても迷いましたが、こちらは24時間の対応はしていません。

お友達は、「黙って変わってもいいのよ」と言ってくれたけれど、長年お世話になった先生です。団地内で顔を合わせることも多いのです。きちんと挨拶をしてからにしようと思いました。

10年以上続けている、朝食のスムージー。牛乳をベースに、小松菜やプロテイン、すりごまなどを自分なりの配合で入れています。

先生に正直に伝えると、「僕も24時間対応は考えないといけないと思っているけど」と、私の気持ちを理解してくれました。紹介状を書いてくれたので、新しいクリニックに持っていきました。

新しいクリニックは少し遠くなりましたが、予約制なので待たされることがありません。「予約時間に少しくらい遅れても大丈夫。あわてて来なくていいですよ」と、先生が高齢者に配慮してくれるのも、うれしいです。

往診にきてもらうこともできるので、いざとなればお願いしようと思っています。

団地の階段は４階分あります
が、必ず１日２往復はするよう
に。片手で手すり、もう片方の
手は壁をさわって。

夫の介護でお世話になったケアマネジャーさんは、とても優秀な方で、夫が亡くなる前の1ヵ月を自宅で過ごせたのも、彼女があらゆる手配をしてくれたおかげです。看護や介護の方が来て、全部やってくれました。入浴も、訪問入浴介護サービスを利用し、専用の簡易浴槽でプロの方がふたりがかりでしてくれました。

こんなふうにすべてお任せだったので、私は全然疲れませんでした。もし、自分でやっていたら疲れてしまい、「いつまで続くんだろう」と暗い気持ちになったかもしれません。

このときの経験があるから、看護や介護の方に来てもらえれば、体が弱っても、なんとか自宅で暮らせるかなと思っています。

ケアマネジャーはもちろん、なじみの彼女にお願いする予定です。

認知症になり、家に通って世話をした年子の姉

年子の5番目の姉とは、年が近いせいか子どもの頃から仲がよくなかったのです。あまり関わりたくなかったけれど、関東に住んでいたのは、姉妹のうち彼女と私だけだったので、何かと頼りにされました。

姉の旦那さんは晩年、糖尿病で入退院を繰り返していました。そのたびに、「美智子さんに頼め」と言うので、私が手続きをしてあげていました。姉は事務的なことが苦手で、「お父さんが入院するから来て」と、しょっちゅう電話がかかってきました。

その後、義兄の糖尿病がかなり悪化しました。姉は軽い認知症になっていたようで、義兄が入院する病院がわからず、隣のおばあちゃんから教えてもらっていました。

姉に付き添って病院に行くと、医師から、人工透析を今すぐ始めないと命が危ないと言われました。すると姉は、「お父さんは絶対やりたくないと言っていたから、し

ません」と、そこは認知症とは思えないようなはっきりした口調で答えました。人工透析をしなかったため、義兄はまもなく亡くなりました。

姉がひとりで暮らし始めたら、家はあっという間にゴミ屋敷です。2部屋あったうちの1部屋には、九州の姉たちから送られてきた洋服が段ボールのまま積み上がっていました。

姉がいないときに段ボールを天袋に入れてしまいましたが、次に行ったら、荷物が元に戻っていました。

夜、姉から「今日、何も食べていない」という電話がかかってきました。そんなわけはないのです。「1日くらい何も食べなくても大丈夫よ。お水を飲んで早く寝なさい」と言ってなだめましたが、やっぱり心配なので、翌日お弁当を持って姉の家を訪ねました。冷蔵庫を見てみると、ご飯が干からびて入っていたりして、食材の管理ができなくなっている様子でした。

さらに、お金の管理が難しくなり、いつも「お金がない！」と言うように。私が財

布に1000円を入れて渡し、「なくなったら補充するよ」と伝えても、財布がどこにあるかわからなくなってているのです。

ケアマネジャーさんに相談してお金の管理を手伝ってもらったり、私が姉の家に通って様子を見たりして、どうにかひとり暮らしを続けていましたが、徐々に厳しくなっていきました。

介護関係に詳しい知人に相談したところ、「老健（介護老人保健施設）なら入れるかもしれない」と、施設につなげてくれました。


運よくすぐに入所することができました。「こんないいところにずっといていいの？」と言うほど、姉は老健を気に入ったようだったので、私もホッとしました。けれども、入所して半年後、肺炎で亡くなりました。

仲はよくなかったけれど、やっぱり姉なので放っておけませんでした。姉もわかっていたのか、あるとき「みっちゃん、ありがとう」と感謝の言葉が出ました。認知症は進みましたが、最期は老健で穏やかに過ごせたので、よかったなと思いました。

いざというときの施設入所も墓じまいも、子どもたちの選択に任せて

年をとるのは、初めての経験。これからどうなっていくかは、未知の世界です。私は、認知症にはならない気がしていますが、それはわかりませんよね。

娘は「お母さんのことは、私たち子ども3人でちゃんと面倒みるって話しているのよ」と言ってくれています。とてもありがたいけれど、子どもたちには迷惑をかけたくない。お金を払って、プロに介護をしてもらうほうが気がラクだなと思っています。

自宅で看取った夫の最期は、とても穏やかでした。私も同じような最期が迎えられたらと考え、子どもたちにもそのように伝えてあります。

ただ、実際はどうなるかわからないし、子どもたちにも選択の余地を残したいと思います。いざとなれば、施設に入ることもあるでしょう。あとは子どもたちにお任せです。

最近、習い事や趣味の会で話題になるのは、墓じまいです。今あるお墓を残しておくと、子どもや孫たちが管理をするのが大変だと、「お墓をどうしようか」と考えている人が多いのです。

ある人は、墓じまいをして樹木葬にしたそうです。息子さんが先に亡くなってお墓を継いでくれる人がいなくなったので、他の人と一緒に埋葬する樹木葬にしたと言っていました。

わが家は、夫が亡くなる前に長男の提案で、近くにお墓を建てました。夫は、九州の義母が眠っている先祖代々のお墓に入るつもりだったようですが、息子たちが「遠くてお墓参りに行けない」と言ったので、近くに探しました。

私は海への散骨でもいいなと思っていましたが、長男が「お墓がないと、きょうだいの縁が薄れる」と言うので、「あなたたちがお墓参りをしたいなと思う場所にして」と、任せました。

仏壇にある、夫の分骨の小さな骨壺。毎朝水を替えるとき、夫に日々の報告をしています。

いくつか墓地を見てまわり、長男が「海の見える場所がいいね」と気に入った墓地を最終候補にし、夫が「ここはいいね」と言ったので決めました。

わが家からお金を出して墓石を建て、管理料も払っています。今は夫がそこに眠っています。

私もそこに入ると思いますが、お友達が墓じまいにお金がかかったと言っていたので、その分のお金を用意したほうがいいのかなと、少し心配しています。

長男は「お母さんがそこまで心配しなくていいよ。ただ、僕の代までは見るけれど、孫の代はわからないね」と言います。

あとは、子どもや孫に任せます。「お墓は必要ない」となったら、遠慮なく墓じまいをしてもらえればと思います。

番外編

長崎での被爆体験と
戦中戦後のこと

９歳のとき、市内から一山越えたところに家族と離れて疎開

戦争は何もいいことはありません。とにかく、絶対にダメ。

この間、テレビを見ていたら、人間魚雷というものを初めて知りました。飛行機の特攻隊は知られていますが、海中から敵艦に突っ込む特攻隊もあったのです。脱出口もなく、死ぬことがわかっている……。魚雷に乗り込んで犠牲になった若者を思うと、涙が出ます。

やさしくて大好きだった長兄は戦死しました。８人きょうだいで唯一の男の子、英語ができたので、父も将来を楽しみにしていたのです。一番上の姉の夫も、子どもの顔を見ることなく戦死しました。

そして、１９４５年８月９日、長崎に原爆が投下され、私たちは被爆しました。生涯忘れられない日です。初めてＹｏｕＴｕｂｅの動画を投稿したのは、８月９日でし

た。「やっぱりこの日にしたんだね」と親族に言われました。

終戦の前年、小学4年生のとき、母の知り合いのところに疎開をしました。戦況がひどくなり、学校が閉鎖されたのです。家族と離れるのは嫌だったけれど、「行きたくない」という選択肢はありません。1歳の赤ちゃんがいた一番上の姉と一緒に疎開先に行きました。

疎開先は、おじいさんとおばあさんと娘さんの3人家族でした。そのお宅の離れ、6畳一間と玄関が2畳ほどの住まいを借りたのです。

自宅から一山越えた、さらに山の上にありましたが、歩ける距離だったので、母や姉たちが食料品を持ってよく様子を見に来てくれました。姉たちは「今日は○分で着いたよ」と、どれだけ速く着いたか競い合ったりしていました。

私は、近くの小学校に転校しました。近くといっても、山の上の家から麓の学校まで通うのが大変で。行きは下りだからいいけれど、帰りは「はあはあ」言いながら、山道を登りました。だんだん薄暗くなるような時間帯だったので、それはもう毎日必死で。１日行くと、翌日は休んでしまうほど、疲れきっていました。

時々、まだ小さい妹をおぶった母が私の小学校に立ち寄って、教室の後ろで授業が終わるのを待っていてくれ、３人で疎開先の家に帰ることもありました。


空襲警報がないときは勉強もしていましたが、学校では農作業がほとんどでした。あるとき、収穫したじゃがいもを袋に入れてぶらぶらと歩いていたら、自転車に乗ったお兄さんが後ろから来て、「僕が玄関のところに置いといてあげるよ」と、すっと袋を持って行ってしまったのです。

知らない人だったので、「じゃがいもがとられちゃったかも」と心配に。ドキドキしていたら、ちゃんと家の玄関に袋が置いてありました。周りの人たちは、疎開してきた私たちを気にかけてくれていたんだと、少しうれしくなりました。

よく道で会っておしゃべりするお姉さんがいました。戦争が終わって市内に戻ると、なんと彼女は近所の人で、私と同じように疎開してきていたとわかったことも。

疎開先では、台所は借りていましたが、ごはんはそこの家族とは別々です。そちらの家族の食卓をチラッと見ると、真っ白いご飯にお芋がゴロゴロ入っていて。「白いご飯おいしそうだな」とうらやましかったですね。わが家はお粥か麦ご飯でしたから。小学校に持っていくお弁当は姉が作ってくれました。いつも麦ご飯に梅干しです。ボソボソしていておいしくなかったから、今でも白米に麦や雑穀を入れるのは苦手です。おかずは、スルメに醤油をつけたようなものをちょこっと添えるくらい。

疎開先では友達はできませんでした。ヘビを持って追いかけてくる男の子なんかもいて、泣きながら逃げまわっていたのです。

歩いて10分くらいのところに、いとこが疎開していたので、よく遊びに行きました。疎開先になじめず、いつも「家に帰りたいな」と思っていましたが、遊んでいると少しだけ気持ちがまぎれました。

そんな私の小さな楽しみは、家から1冊だけ持ってきた本、『ピーターパン』です。1冊しかないので、何度も何度も読みました。この頃から、本を読むのが好きでした。

その日、突然の大風と
やがて降ってきた黒い雨

1945年8月9日午前11時2分、長崎に原爆が落とされたとき、私は母と妹と疎開先の庭にいました。前日の8日から、母は妹を連れて疎開先に来ていたのです。

その日、母が庭で洗濯物を干そうと竿にかけているときに、ピカッときました。私と妹は、母のそばで遊んでいましたが、風が突然ビューーッと吹きました。家の前の竹林がざあーっと倒れ、隠れていた向こう側の風景がくっきり見えました。「何が起こったの?」と思っているうちに、竹がまたざあーっと戻ってきたのです。

疎開先のおじいちゃんが畑から慌てて家に戻ってきて、「囲炉裏の灰がみんななくなっている」と言いました。

朝からいいお天気だったのに、徐々に空が暗くなって、黒い雨がしとしと降ってき

戦時中、3番目の姉が司令部に動員されていたときの写真。真ん中の列、一番右が姉です。

ました。原爆によって巻き上げられた泥やほこり、煤などを含んだ放射性物質だと後でわかりましたが、このときは何の知識もないので、私たちは黒い雨を浴びてしまいました。

長崎市内のことをみんなで心配していたら、近所の青年が「市内が見渡せる峠に登って見てくる」と走って行ってくれ、「火の海だった」と興奮した様子で報告してくれました。

それを聞いて、みんなでガックリきて。いつも気丈な母も泣き出してしまいました。

家族や家の心配、これからどうなる

のかという不安で、気持ちがザワザワして夜になっても眠れません。夜中までみんなで起きていたら、ガタッと音がして姉たちがゾロッとやってきました。顔は煤だらけで、暑いのに着られるだけ服を着て、持てるだけ荷物を持って、必死になってここまで辿り着いたよう。父も家も無事だと聞いて、本当にホッとしました。

でも、新婚のいとこが亡くなりました。実は前日に、母と一緒に、4番目の姉といとこも疎開先に来ていました。母は残りましたが、姉といとこは、原爆が落ちる前の朝6時頃、それぞれの家に帰っていったのです。

姉は家に着いて、ブラウスを脱いだところで、ピカッときました。ブラウスは爆風でどこかに飛んでいってしまい、見つかりません。後日、天井の梁にぶら下がっていたブラウスを発見し、「爆風の威力は、そんなにすごかったんだ」と、みんなで話しました。

いとこの家は爆心地の近くだったので、亡くなりました。「あのとき、家に帰らずに疎開先に残っていれば……」と、みんなで泣きました。結婚して、まだ3ヵ月しか経っていなかったのです。

翌日、父はいとこ、いとこの義理の弟さん、義理のお母さんの3人の遺骨を拾いに行きました。今なら放射線量を気にして避けますが、何が起きているかわからなかった当時は、無防備な行動をしていました。幸い父は、原爆が原因だと思われる病気になりませんでしたが、病気になってもおかしくない状況でした。

姉たちは、父から「お父さんは消防団長だから、残ってみんなの面倒をみないといけない。お前たちは早く疎開先へ行け」と言われ、家を出発したそうです。

途中で、姉のひとりが、赤ただれた姿をしたお友達と遭遇し、「多良さん、お水飲ませて」と言われて水筒の水を飲ませてあげたそう。そのときはまだ亡くなってはいなかったけれど、おそらくは……。

後日、そのお友達が姉の夢に出てきて、「あのときのお水、本当においしかった。ありがとうね」と言ったそうです。私は疎開していたから、原爆投下後の光景は見ていないけれど、姉たちは地獄のような光景を見たのだと思います。

当時は誰も原爆のことを知りませんでした。３番目の姉が、司令部に動員されていたので、「６日に広島ですごい爆弾が落ちたらしい」とは聞いていたそうです。だから、「長崎のものも同じ爆弾ではないか」とみんなで話していました。

疎開先の村長さん宅で聴いた玉音放送。街にはアメリカ兵が

原爆投下から6日後、8月15日に、ラジオで天皇陛下のお言葉があるからと村長さんの家にみんなが集められました。40人ぐらいはいたと思います。私たち子どもも、後ろのほうに座らされました。ラジオから玉音放送が流れたけれど、ガーガーと雑音のように聞こえるだけで、何を言っているのかさっぱりわかりません。

放送終了後、大人のひとりが「戦争が終わったぞ」と言いました。「負けた」という言葉は出てこなかったですね。

何もわからない子どもだった私は、とっさに「今日からごはんを食べるときに、電気がつけられる」と思いました。ずっと電気の傘に黒い覆いをかけて暗くしていたので、「もう明るくしていいんだ」とうれしくなりました。

「負けた」という感覚はなかったけれど、それから1〜2日後に「アメリカが上陸し

てきたら、女子どもは外に出るな」と言われました。何かよくないことが起こるのかなと、少し不安になりました。

父が「長崎市内はゴタゴタしているから、まだ帰ってくるな」と言うので、それから1ヵ月くらいは疎開先にとどまりました。実家に帰ったときは、道もきれいで、ある程度は普通に生活できるようになっていました。「駅前で死体を焼いた」という話を聞きましたが、そうした形跡はありませんでした。

爆心地から離れていたので、わが家は幸い壊れていませんでしたが、分厚い窓ガラスが割れ、テーブルに突き刺さっていました。「人がいたら危なかったね」と、姉たちと話しました。

そのテーブルはガラスを取って、3番目の姉が大事に使っていました。戦争の記憶を、残しておきたかったのかもしれません。

わが家は商店街で商売をやっていたので、周囲も同じような家ばかり。被害は少なかったので、みんなが戻ってきて、徐々に昔のような賑わいになりました。

長崎の街にも進駐軍が入ってきて、見まわりをしていました。「アメリカはこわい」という感じはなく、治安を守っていたように思えました。

最初、街でアメリカの兵士さんを見ても、全員同じ顔に見えました。叔父（父のいとこ）がアメリカ人とのハーフだったし、その叔父の友達のアメリカ人を父が面倒見ていたので、外国人を見るのは初めてではなかったのに……。

でも、その後、若い兵士さんと親しくなる出来事があり、自然に顔が見分けられるようになりました。

前書でも紹介しましたが、寒い冬の日、家の前で立ったまま食事をしていた若い兵士さんに、父は家の中のストーブの前で食べるようにすすめたのです。それがきっかけで、兵士さんはわが家に遊びに来るようになり、私たちとトランプをしたり、日本の歌を歌ったりと交流が続きました。

その頃には、街で見るアメリカ人の顔が、ひとりひとり違うとわかるようになったのです。私の中の見る目が変わったのだと思います。

原爆でも消失しなかったわが家でしたが、終戦後2年ぐらい経った頃、商店街の一番端っこで起こった火事によって、燃えてしまいました。

火の回りが早く、商店街全体が被害にあいました。どのお店も燃えてしまいました。

その後、時計屋さんや自転車屋さんは戻ってこなかったけれど、かまぼこ屋さんは新しいお店を再建しました。戻って来た人、引っ越した人など色々で、街の雰囲気は変わりました。

でも、父が町内会長をやっていて、み

真ん中の男性が、父のいとこのハーフの叔父。実は私は大阪時代、この叔父さんの会社で働いていました。会社のクリスマス会のときの写真です。

んなとても仲がよかったです。七夕には大きな笹飾りをしたり、運動会をしたりしていました。日本人の他に、中国人、韓国人、ロシア人などがいて、国際的でした。父は分け隔てがない人で、何か困ったことがあると、うちに相談に来る人が多かったです。

父は戦争で息子を亡くし、病気で妻を亡くし、残された7人の姉妹をシングルファーザーとして育ててくれました。戦争がなければ、もっと違った人生があったかもしれません。戦後、会社は倒産し、私が27歳のときに父は自動車事故で亡くなりました。

育ち盛りに味わったひもじさが、食事を何より大事にする原点

戦争中も食べるものがなかったけれど、戦後のほうがつらかったです。あのときは本当にひもじかった。食料は配給制で、ちょろっとしか食べられないのです。両親や姉たちは色々考えて食事を用意してくれていましたが、小学校高学年の育ち盛りだった私は、いつもお腹を空かせていました。

最初は、お米が少ししか入っていないお粥。おいしくないけれど、食べるしかありません。徐々にお米が増えましたが、しばらくは柔らかいべちゃっとしたご飯でした。米が少なかったから水を多めにしたのですが、私はあまり好きではなかったです。

好きではないと言えば、かさ増しのために、そうめんにかぼちゃが入っていたことがありました。これも食べなきゃしょうがないから、我慢して食べました。

おいしかったなと思い出すのは、さつまいもに小麦粉をつけて、蒸したもの。「いきなり団子」と呼んで、おやつに食べていました。今「いきなり団子」と言えば、熊本県の名産で、あんこも入っているお菓子ですが、そのときはさつまいもだけ。甘いものがない時期だったから、甘くて腹持ちもよく、大好きでした。

4番目の姉とふたりでドーナツを作って、みんなで食べたこともありました。お茶碗で型を抜いて、真ん中は後ろの高台で丸く抜きます。料理好きの姉は、そういう工夫がうまかったのです。食べたことより、姉と一緒に楽しく作ったことが思い出に残っています。

私が今でも、食べることが一番大切だと思っているのは、このときの経験があるから。食べることは、生きる力になります。だから、子どもたちが小さい頃は、お金がなかったけれど、お腹いっぱい食べさせてあげるのは何よりも優先事項でした。どんなに怒っても、食事を抜かすことはしませんでした。

私が経験したひもじい思いは、もう誰もしてほしくないと思います。

戦後すぐに母を癌で亡くす。戦争は何もいいことがない

母は戦後、子宮癌になり、翌年の2月に亡くなりました。

被爆と関係があったのか確証はありません。でも、戦時中は私の疎開先まで、妹をおぶって山を越えて来てくれたほど元気だったのに、急に悪くなりました。

子どもだったから病状はわかりませんが、戦後、学校から帰ってくると、母は横になっていることが多くなりました。私は、それが嫌で嫌で。それまでずっと、いつも元気に動きまわっている母を見てきたから……。

ある日、夕ごはんが終わって、他の家族はそれぞれの部屋に戻り、たまたま母と父と私の3人がこたつに入っていました。そのとき、母の口から、「死の宣告を受けた」というような言葉がポロリと出ました。私は癌という病気のことも、母の病状もわか

らなかったから、「どういうことなのかな?」と理解ができませんでした。

その後、父が、「お母さんは九大の附属病院で手術をすることになったから、当分帰れないよ」と言いました。母が亡くなる1週間か、10日くらい前だったと思います。


母が亡くなった日は、妹をおんぶしてあやしながら、公園で紙芝居を見ていました。とても寒い日で、私はねんねこを着ていました。

そこに4番目の姉がやってきて、「みっちゃん、お母さんが亡くなったよ」と言うのです。「急いで家に帰って、準備をせんといかんから、あんたたちも早く帰ろう」と。

その夜は、姉たちは遅くまで母の亡骸を迎える準備をしていましたが、「ちっちゃい子は早く寝なさい」と言われ、私は座敷でひとり寝かされていました。

夜、母の夢を見ました。障子がスーッと開き母が入って来て、私の布団の横に座りました。「美智子、風邪をひかんようにしなさいよ」と、布団の上から私をぽんぽんとやさしく叩きました。

パッと目が覚めたけれど、誰もいない。隣の部屋では姉たちの声が聞こえる。叩かれた感触も覚えています。「本当に夢だったのかしら?」と思うくらいでした。

父に話すと、「お母さんは最後まで、美智子のことを心配していたよ」と言われました。８歳違いの妹が生まれるまで、私はずっと末っ子だったから、母にかわいがられていました。心配して、来てくれたのでしょうね。


母が亡くなったのは、まだ42歳のときでした。座っているところを見たことがないくらい、毎日元気で働き者だったから、病気になったことが信じられませんでした。戦後で栄養状態も悪かったから、手術に耐えられなかったのかもしれません。

母の病気は戦争が原因かどうかはわかりませんが、「戦争がなければ……」と思わずにはいられないのです。

巻末対談

シニアブロガー・ショコラさん

仕事を辞めた後、出かける場所をどう作る？

美智子　ショコラさんの著書『58歳から日々を大切に小さく暮らす』を読んで、すごい方だなと思っていました。

42歳で別居して、ひとりで家を借りられて、お子さんたちの食事作りに元の家に通われていたでしょう。その後、バリバリ働いて、ご自分でマンションを購入したなんて、私にはできないなと感心していました。お部屋のインテリアも素敵ですね。

ショコラ　私も『87歳、古い団地で愉しむ ひとりの暮らし』を読んで、趣味や考え方に共通点があるなと感じ、お会いするのを楽しみにしていました。母が90代なので、美智子さんと年齢が近く、親近感も覚えているんです。

美智子　お仕事は辞められたようですが、毎日どんなふうに過ごしていますか？

ショコラ　本を出版した5年前は週4日パートをしていましたが、2023年に67歳で仕事を辞めて、年金生活になりました。それから2年近く経った今は、週4回スポーツクラブに通っています。偶然ですけど、パート時代と同じ週4回、私にはちょ

ショコラ

60歳だった2016年、ブログ「60代一人暮らし 大切にしたいこと」を始める。等身大の目線からつづる暮らしに共感が集まる。シニアブロガーの先駆け的存在。

子どもが高校生だった42歳のときに別居、5年後に離婚。パート主婦から一転、バリバリの営業ウーマンとして自活してきた。57歳で退職、パート勤務に。67歳で仕事を辞め、現在は年金暮らし。著書に10万部のベストセラーとなった『58歳から 日々を大切に小さく暮らす』（すばる舎）など。

うどいいですね。

美智子　そうそう。出かけていく場所は大事ですよね。私も習い事や趣味の会に週4～5回は外出しています。

ショコラ　仕事を辞めたときは、1日家でのんびりしていようかなと思っていたくらいで、どう過ごすかをちゃんと考えていませんでした。

あるとき、住んでいる自治体の広報誌を読んでいたら、65歳以上限定のスポーツクラブに6000円で12回通えるおトクなチケットの制度があることを知り、早速申し込みました。近くのスポーツクラブに12回通った後、もっと続けたいと思い、正規の会員になりました。

美智子　自治体の広報誌には、おトクな情報が載っていますよね。私も広報誌を見て、参加することがよくあります。費用も安いものが多いしね。

ショコラ　美智子さんもラジオ体操をはじめ、いろいろ運動をされていますよね。やっぱりこれからは健康が大事なので、運動をしようと思います。私は器具を使うエクササイズが苦手なので、スタジオでヨガとフラダンスに、プールでアクアダンスに参加し、終わったらお風呂に入るのがちょうどよくて。

週4日は毎回1～2つのクラスに参加していますが、クラスがないときはお風呂だけのために行くこともあります。月会費は1万円ほどですが、これだけ利用していれば、おトクですね。

毎週、同じレッスンに参加すると顔なじみもできて、おしゃべりをするようにも。本名も連絡先も知らない、その場の仲間ですが、交流は楽しいです。

美智子　そうそう。私も行った先で楽しんでいます。その後、個人的なお付き合いはしなくてもいいんです。

ショコラ　スポーツクラブの休館日、土日は友達と食事に行ったり、施設に入っている母に会いに行ったりしています。著書でも紹介した、SNSサイトのシングル女子のコミュニティには今でも所属していて、月1回のランチ会に参加します。意外に毎日、忙しいですね（笑）。

美智子　お母さんはどんなご様子ですか？

ショコラ　母は91歳までひとり暮らしをしていましたが、足が不自由になって、今は介護施設に入っています。

母にはそこが合っていたようで、同じような症状の方々と仲良く励まし合い、杖や歩行器を使えば自力で移動できるようになりました。施設に入った頃は要介護4だったけど、今は要介護2に。

私は月に1~2回、「ごはんが物足りない」という母のリクエストにこたえて、差し入れを持って訪問しています。

若い人から刺激を受けて

ショコラ　美智子さんは、ＹｏｕＴｕｂｅをお孫さんと一緒に作っていますが、孫は本当にかわいいですね。

実は一昨年、長男夫婦に子どもが生まれました。自分は孫をかわいがるタイプではないと思っていたのですが、月2回くらい会いに行っています。スマホに孫の写真を保存する専用アルバムまで作ってしまいました（笑）。母のところに行ったとき、ひ孫の動画や写真を見せると、成長する姿に喜んでいます。

美智子　ＹｏｕＴｕｂｅを作っている孫は、もうすぐ20歳になります。70歳も離れていますが、孫と話していると楽しいですよ。最近の流行など、私の知らないことを教えてもらっています。

ショコラ　友達も同じように「小学生の孫から、子どもたちの間で流行っているものを教えてもらい、刺激になっている」と言っていました。新しいことに興味を持つのは、認知症の予防にもなりそう。私も孫といい関係を保っていきたいですね。

生前整理はがんばりすぎず、ほしいものは買う

ショコラ　美智子さんのお宅はスッキリしながらも、物が適度にあるから温かみがあって、ホッとします。

私は60歳前後で、もし私に何かあったとき「息子たちにこの部屋を片づけてもらうのは申し訳ない」と思って、生前整理ならぬ「老前整理」をしました。その後は「物を減らしたので、また増やしたくない」と思って、新しい物を買うことを躊躇していました。

でも、最近は、そこまで決めつけなくてもいいんじゃないかと、気持ちが変化してきていて。処分した物には後悔はないけれど、今、素敵だなと感じたものは買ってもいいかなと思ってきました。

美智子　私もそう思います。今をもっと楽しまないと。

ショコラ　今日、美智子さん宅の素敵な食器を見て「わあ、いいな。私もほしい」と思いました。ひとり暮らしだから、たくさんはいらないので、自分のものをひとつだけです。

美智子　私も90歳だし、もうほしいものはないかなと思っていたけど、この間、自分のために小ぶりのぐい呑みを買いました。晩酌の時間が楽しくなりましたよ。

ショコラ　老前整理をしたときは、先のことを考えすぎました。当時は、ミニマリストが流行っていたので、影響されたりして。もちろん、先のことも大事だけど、今をもっと楽しんだほうがいいですよね。

美智子　そうですよ。そういえば、この間、ＹｏｕＴｕｂｅで「まずは洋服を処分して」という片づけの動画を見ました。でも、洋服もなかなか……。とくに、友達に作ってもらったものは、1点ものだし、とっておきたいです。

ショコラ　私も、子どもたちの入学式などの晴れの日に着た、妹の友達に仕立ててもらった洋服は処分できなくて。インドシルクを使った、お気に入りなんです。もうサイズが合わないけれど、思い出とともにとってあります。

美智子　そう、思い出のあるものは処分できないですね。今、自分が死んだときにどんな洋服を着ようかと、考えています。洋服は最終的には処分されるので、それなら、一番お気に入りの洋服を着たい。子どもたちに言っておかないと。

シミも体の衰えも、この年まで生きてきた証

ショコラ　私も69歳になり、70歳が近づいてきました。55歳の頃から5年ごとくらいに、疲れやすくなったなどの体の変化を感じてきました。とくに65歳になったら、ガクンと。体力だけでなく、気力も衰えました。美智子さんはどうでしたか？

美智子　70代は、まだまだ元気でしたよ。60代はパートで働いたり、調理のボランティアをしたりしていましたが、70代を前に卒業したので、身軽になったという解放

感がありました。老後というよりも、「新しい人生のスタート」って感じかしら。

ショコラ　「新しい人生のスタート」はいいですね。勇気がわいてきました。

美智子　できないことは増えるけれど、年をとれば当たり前。「年相応に老いてきたな～」と思って、受け入れてしまいます。残ったもので、一生懸命楽しめばいい。我慢して無理したら、続きません。

ショコラ　無理はダメですね。気持ちは50歳とか、若く言っても……ね。

美智子　そうね。ありのままで。習い事のお友達の中には、美容と健康にお金をたくさんかけている人もいます。えらいな～と思うけれど、私はそこまではいいかなと。シミも年なりに。生きてきた証ですね。日焼け止めは塗るけれど、帽子もかぶらずに買い物に行ってしまうことも。大雑把な性格だから、あまり気にしません。

ショコラ　私もそう。若い頃、こんがり焼けた肌がきれいだと言われていた時代だったからか、今でも太陽崇拝者です（笑）。それに、太陽を浴びないと、免疫力が上がらないと思っています。

化粧品会社に勤めていたから、その辺りは勉強しましたが、健康と美容は分けて考えています。健康のためには、太陽を浴びたほうがいいかなと思います。それに、どんなに年齢不詳と言われても、20代には見えないし（笑）。年相応であるがまま、私も賛成です。

70代はまだまだ新しいことを始められる

ショコラ　美智子さんは、たくさん趣味をお持ちですが、若い頃から続けているものですか？

美智子　ラジオ体操、歌の教室、第九を歌う会、麻雀、写経など、70代で始めて今でも続いているものが多いです。

やっぱり、年齢とともに興味の対象も変わってくるので、今、やりたいことをするのがいいと思います。毎週通っているストレッチ体操は、88歳から始めました。

ショコラ　70代、80代からでもまだまだ新しいことが始められるんですね。美智子さんが参加されている麻雀、私もやってみたいです。

実は、20歳ぐらいから、高校時代の友達4人で麻雀をしていました。お金をかけない健康麻雀で、ゲームとして楽しんでいました。
子育てが終わってから、また友達の家に集まって、おいしいものを食べたり、おしゃべりしたりして、月1回の麻雀の会を開催。でも、その中のひとりが60歳ぐらいで亡くなってしまってから、やっていません。頭も指先も使うから、脳トレになりますよね。

美智子　楽しいわよ。負けたって悔しくないんです。命まで取られるわけじゃないしって（笑）。

ショコラ　いつも知らない人とやるんですか？　友達としかやったことないから、少し緊張するな〜。

美智子　大丈夫よ。対戦相手は変わったほうがおもしろいですよ。上手な人と当たると勉強になるし、なかには教えてくれる人もいます。

ショコラ　自治体の広報誌に時々載っていてチェックしていますが、場所が遠かったり、会費が高かったりして、なかなか希望に合う麻雀教室がなくて。でも、気長にチェックして、始めたいと思います。

老後こそひとり旅

ショコラ　今まで仕事をしていたときは、旅行にも行かず、家のローンや教育費にまわしたり、貯金をしたりしてきました。仕事を辞めて時間に余裕ができ、ローンや教育費も終わり、自分の老後資金にある程度目処がついた今、一番やりたいことは旅行ですね。ずっと行きたかった場所に、ひとり旅を始めました。

美智子　賢い選択ですね。貯金をしてきたから、今があるのですね。

ショコラ　でも、70代に近づいて、体力的なことを考えると、もっと元気な50代の頃に、海外旅行に行っておけばよかったと思っています。

美智子　私は80歳でイギリス旅行をしましたよ。友達を誘ったけれど、誰も行けなかったので、「じゃあ、ひとりで」と思って、イギリスの田舎をまわる旅のツアーに参加しました。趣味が似ている人たちが参加していたので、自然に仲良くなって楽しい旅行になりました。70代は、まだまだ動けますよ。

ショコラ　80歳でイギリス！　私もできそうな気がしてきました。

ひとり旅はしたことがなかったので、まずは国内からスタートしています。自分のペースで、好きなところに行けるのが、ひとり旅の魅力。ごはんを食べるときに寂しいと言われますが、営業の仕事をしていたときはひとりランチだったから、慣れています。自分の好きなものを食べられるから、満足感があります。

美智子　私は、長野県の上田にある無言館に日帰りでひとり旅をしようと思ったら、周りの友達が行きたいって。結局、ひとり旅にはなりませんでした（笑）。

ショコラ　交通の便がいいところは、往復の交通機関と宿泊場所だけを予約した、本当に気ままなひとり旅です。

今まで兵庫と愛知に行きました。フランク・ロイド・ライトの建築が好きなので、兵庫県のヨドコウ迎賓館、愛知県の明治村にある帝国ホテル中央玄関は、どちらもずっと見てみたかったところです。

そして、バスが1日数本しかないなど、交通の便が悪いところは、ツアーを利用します。おひとり様限定ツアーとか、ひとり参加も可能なツアーが便利。岩手の龍泉洞と周辺を巡るツアーなど、自分ではなかなか行けないのでよかったです。

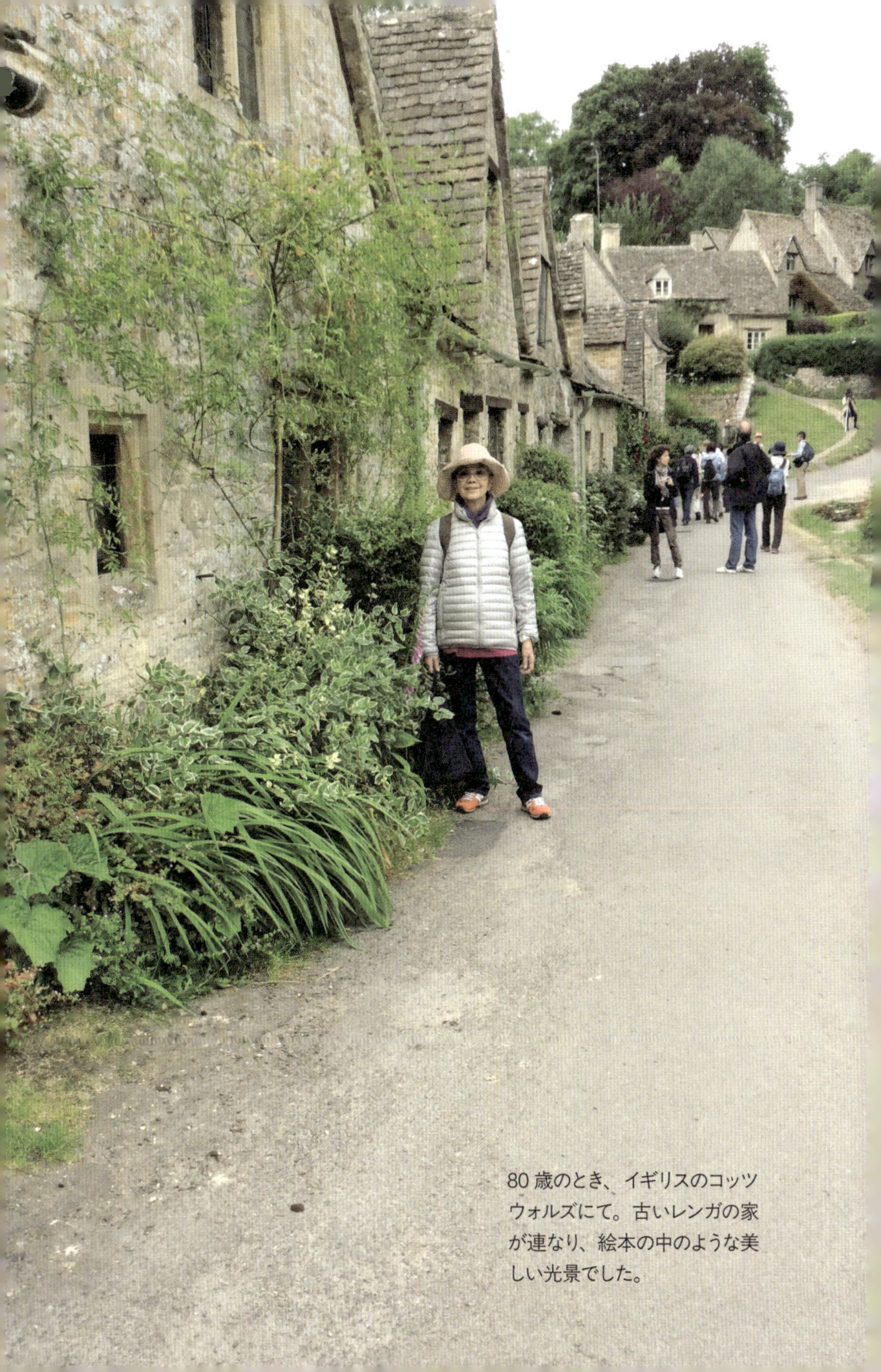

80 歳のとき、イギリスのコッツウォルズにて。古いレンガの家が連なり、絵本の中のような美しい光景でした。

美智子　上手に使い分けしていますね。年をとるとひとりになることが多いので、ひとりで楽しめることを見つけるのが大切ですね。

子どもとの同居は考えず

ショコラ　美智子さんは、今までお子さんたちと同居しようと思ったことはありますか？

美智子　夫が亡くなったとき、長男から同居を提案されましたが、ひとり暮らしを選びました。夫は、9歳年上だったから、いずれはひとりになると覚悟していましたから。それに、結婚当初、義母との同居がうまくいかなかった経験から、「同居は難しい」と思ってきました。

ショコラ　私も息子たちとの同居は考えたことはないですね。ひとり暮らしももう25年、誰にも気兼ねすることのない、自由気ままな生活にすっかり慣れています。

母も、父が亡くなった78歳のときから91歳まで、ずっとひとり暮らしでした。母と私たちきょうだいはみな仲がいいのですが、最初から子どもとの同居は考えていないと言っていました。
美智子　私のまわりでも、お子さんとの同居でうまくいかず、解消したという話を聞きます。別々に暮らして時々会うのが、関係がうまくいく方法だと思います。だから、できるだけひとり暮らしを続けたいですね。

これからの人生がますます楽しみに

ショコラ　実は、次のひとり旅は、美智子さんの故郷の長崎を計画しています。九州には一度も行ったことがないんです。大好きな作家・吉田修一さんの出身地で、映画『解夏《げげ》』の舞台でもある長崎の街を、この目で見たくて。
美智子　まあ、それは素敵。『解夏』は、長崎出身のさだまさしさんの小説でしたね。ぜひ楽しんできてください。お酒を飲まれるなら、おすすめのおいしい居酒屋さんがありますよ。
ショコラ　お酒は飲みませんが、ぜひ教えてください。今日は、美智子さんにお会いして、これからが楽しみになってきました。息子たちにも心配をかけないように、私が楽しんだらいいですね。

美智子　そうですよ！　私はもう、いつ死んでもいいと思っています。でも、「そういう人は長生きするのよ」と、お友達に言われました（笑）。

ショコラ　いつ死んでも……なんて理想です。そう思えるように、私も美智子さんのように年を重ねていきたいです。

デザイン……野本奈保子（ノモグラム）
撮影……林ひろし
執筆協力……大橋史子（ペンギン企画室）
編集……水沼三佳子（すばる舎）

〈著者紹介〉

多良美智子（たら・みちこ）

昭和9年（1934年）長崎生まれ。8人きょうだいの7番目。戦死した長兄以外はみな姉妹。小学生のとき戦争を体験、被爆する。戦後すぐに母を亡くし、父や姉たちに育てられる。27歳で結婚後、神奈川県の現在の団地に。10年前に夫を見送り、以来ひとり暮らし。
2020年に当時中学生だった孫と始めたYouTube「Earth おばあちゃんねる」では、日々の暮らしや料理をアップし、登録者数17万人を超える大人気チャンネルに。お元気シニアの代表として、多くの同世代や後輩世代に支持されている。90歳となった今も、体の衰えを感じつつ「それはそれ」と受け入れ、日々ひとり暮らしを満喫している。
累計20万部の著書に『87歳、古い団地で愉しむ ひとりの暮らし』『88歳ひとり暮らしの元気をつくる台所』（すばる舎）。

[Earth おばあちゃんねる]
https://www.youtube.com/@Earth_Grandma

90年、無理をしない生き方

2025年 3月21日　第1刷発行
2025年 6月 2日　第3刷発行

著　者――多良美智子

発行者――徳留慶太郎

発行所――株式会社すばる舎

〒170-0013 東京都豊島区東池袋3-9-7 東池袋織本ビル
TEL 03-3981-8651（代表） 03-3981-0767（営業部）

http://www.subarusya.jp/

印　刷――ベクトル印刷株式会社

落丁・乱丁本はお取り替えいたします

ISBN978-4-7991-1304-2